Vorspeisen für Feinschmecker

MANFRED KURZ

Vorspeisen für Feinschmecker

Meisterhafte Rezepte,
die leicht gelingen.

Gestaltung der Bildseiten:
Foodfotografie Eising.

GU GRÄFE UND UNZER

Inhaltsverzeichnis

Über dieses Buch

Ein gemütliches Essen im geselligen Kreis ohne den passenden kulinarischen Auftakt – das wäre für einen Genießer kaum denkbar. Eine Vorspeise soll den Appetit anregen und auf das Menü einstimmen. In einem Sterne-Lokal wie dem Gasthof »Zum Hirschen« haben Vorspeisen natürlich einen hohen Stellenwert. Der bekannte Koch Manfred Kurz präsentiert in diesem neuen Feinschmecker-Buch deshalb seine verlockendsten Vorspeisen. Alle Rezepte wurden in seinem Restaurant von ihm persönlich entwickelt und erprobt.
Was Sie Ihren Gästen als »Entrée« servieren möchten, bleibt ganz Ihnen überlassen. Sie können wählen zwischen kalten und warmen Vorspeisen, zwischen leichten und etwas üppigeren Gerichten, zwischen Schnellem und etwas Aufwendigerem. Die bunte Palette reicht von exquisiten Salaten, wie zum Beispiel Roher Artischocken-Salat und Tintenfisch-Salat über Roh Mariniertes, beispielsweise Marinierte Jakobsmuscheln oder Rettich-Carpaccio mit Ingwer und Koriander, würzige Terrinen und cremige Mousses wie Wildschwein-Terrine mit grünem Pfeffer oder Tomatengelee mit Quarktimbale bis zu kleinen warmen Gerichten, die Sie auch einmal als Zwischengericht servieren können.

In den beiden Kapiteln »Sanft geschmort und gekocht« und »Raffiniert gefüllt und umhüllt« gibt es zum Beispiel Zanderklöße in Rieslingsauce, Nudeln mit weißem Trüffelöl oder Gemüsestrudel mit fränkischem Grünkern, um nur einige zu nennen. Auch für eine Party gibt es in diesem Buch viele Köstlichkeiten, die für ein Buffet gut geeignet sind.
Außer den verlockenden Rezepten finden Sie in diesem Buch vieles, was Ihnen das Kochen erleichtert: Am Anfang stehen alle wichtigen Grundrezepte wie zum Beispiel Fleischextrakt (Glace de viande) oder Fischfond. Wichtige Handgriffe werden in Wort und Bild erläutert, so daß Sie auch bei der Vorbereitung sicher keine Schwierigkeiten haben.
Alle Vorspeisen genügen höchsten Ansprüchen und sind mit den ausführlichen Rezeptbeschreibungen ganz leicht nachzukochen.
Wie viele verschiedene Auftakte Sie für ein Menü wählen können, zeigen schon die brillanten Farbfotos bei jedem Rezept. Alle wurden eigens für diesen Band fotografiert und geben einen Einblick, wie eine Vorspeise im Gasthof »Zum Hirschen« von Manfred Kurz angerichtet wird. Etwas aufwendigere Rezepte, wie zum Beispiel eine Terrine, sehen Sie in Schritt-für-Schritt-Abbildungen, damit auch wirklich alles leicht gelingt.

Kochen wie Manfred Kurz heißt nicht nur, gut zu kochen, sondern auch, großzügig und impulsiv zu kochen. Seien also auch Sie beispielsweise nicht zögerlich im Umgang mit Gewürzen, und wagen Sie auch selbst mal kleine Abänderungen. Wenn Sie dann noch die Ratschläge von Manfred Kurz beherzigen, nämlich immer nur allerbeste Zutaten zu kaufen, dann steht dem Gelingen des Auftaktes zu Ihrem Menü nichts mehr im Wege.
Und nun viel Spaß beim Kochen und guten Appetit!

Ihr Gräfe und Unzer Verlag.

Manfred Kurz

Im Jahre 1978 zog ein Gerücht durchs Hohenloher Land: »In Blaufelden kocht ein junger Mann so gut, wie man es sonst nur von Paris oder München kennt.« Und das Beste an diesem Gerücht: es stimmte.
Der junge Manfred Kurz war eben von seiner Ausbildung in München nach Blaufelden, ein kleines hohenlohisches Dorf, zurückgekehrt. Dort sorgte er im elterlichen Gasthof »Zum Hirschen« für gehörigen gastronomischen Wirbel. Neben Bratwürsten und Schnitzel standen plötzlich Bresse-Huhn, Steinbutt und Lammrücken auf der Speisekarte. Der brave »Württemberger Trollinger« geriet in heftige Konkurrenz zu aufregenden Gewächsen aus Bordeaux. All diese verlockenden Angebote kamen in so erlesener Qualität und auf so überraschend neue Art auf den Tisch, daß sich bald ein anderes, neugieriges Publikum im altehrwürdigen Dorfgasthof einfand.
Zweifellos, es war die Zeit des gastronomischen Umbruchs in Deutschland. Vielerorts begannen junge, idealistische Köche, alte und überkommene »Küchenzöpfe« großzügigst zu stutzen. Viele Restaurants, die damals für Furore sorgten, gibt es längst nicht mehr. Auch hier gab es eine stattliche Zahl von Eintagsfliegen. Nicht so der Gasthof »Zum Hirschen« in Blaufelden.
Manfred Kurz arbeitete hartnäckig und konsequent an seiner Idee von Küche und darüber hinaus auch an seiner Idee von einem modernen, eleganten Landgasthaus.
Die Bedeutung seiner Küche weit über die Grenze Hohenlohes hinaus und der Ruf, der sich später einstellte, sind das Ergebnis täglicher, harter Arbeit. Nicht nur von ihm selbst, sondern auch von seiner Familie und von immer wieder jungen Mitarbeitern, die sich von seiner Betrachtungsweise des Kochhandwerks begeistern lassen. Das heutige Renomée und der Erfolg, der immer wieder neu erarbeitet sein will, geben seiner Entscheidung, große Küche auf dem Land zu wagen, recht. Fragt man Manfred Kurz nach einem Koch, den er besonders verehrt, fällt sofort und ohne Zögern der Name Eckart Witzigmann. Diesem wichtigen Lehrmeister begegnet er mit aufrichtiger Dankbarkeit für die Zeit, während der er in seinem Restaurant in München lernen konnte.
Kenner finden vielleicht bei diesem oder jenem Rezept die Handschrift Witzigmanns, und dies zu recht. Manfred Kurz bekennt sich zu dessen Einfluß auf seine eigene Arbeit. Gelernt hat er vor allem neue Kochtechniken, einen abgewandelten Menüaufbau und einen schonenden Umgang mit den Rohprodukten. Mit diesem Wissen verarbeitet Manfred Kurz auch sehr einfache Produkte, weit ab von großstädtischen Einkaufsmöglichkeiten.
So finden sich in diesem Buch Rezepte, die verblüffend schlicht sind. Gleichwohl werden sie zu einer köstlichen Vorspeise, wenn nur die Qualität der Zutaten stimmt. Geben Sie sich, wie Manfred Kurz, nicht mit dem zweitbesten zufrieden. Fragen Sie immer wieder nach wirklich frisch geerntetem Gemüse, nach natürlich aufgezogenem Geflügel und nach Fischen, die nicht auf Intensiv-Farmen »produziert« wurden.
Manfred Kurz geht mit diesen guten Ausgangsprodukten spielerisch und neugierig um und stellt sich auch den Einflüssen anderer Länder, so zum Beispiel Frankreich, Italien oder Japan. Und auch die Küche seiner Heimat Hohenlohe, die er sehr liebt, ist immer wieder in seinen Rezepten zu finden. Die Rezepte in diesem Buch beweisen sein Können und seine Vielseitigkeit.

Mein Küchenwissen

In einigen Rezepten verwende ich Grundzutaten, die ich nicht jedesmal ausführlich beschreibe und deren Zubereitung manchmal aufwendiger ist. Deshalb finden Sie auf den folgenden Seiten alle wichtigen Grundrezepte, die Sie für die Zubereitung der Vorspeisen benötigen. Lassen Sie sich von den teilweise etwas aufwendig erscheinenden Anleitungen nicht abschrecken: Vieles läßt sich auf Vorrat zubereiten und einfrieren.
Auch einige Handgriffe, die mir als Koch natürlich ganz geläufig, Ihnen aber vielleicht ungewohnt sind, sehen Sie in anschaulichen Fotos.

Grundrezepte

Fleischextrakt

(Glace de viande)

So richtig feine Saucen sind ohne diesen Fleischextrakt undenkbar. Die Zubereitung ist zwar aufwendig, aber die Mühe lohnt sich wirklich. Verwenden Sie zum Anrösten der Knochen einen möglichst großen Bräter, damit Sie eine große Oberfläche zur Verfügung haben. Sie können zusätzlich auch noch Fleischabschnitte und Sehnen mitkochen, fragen Sie bei Ihrem Metzger danach.

Für etwa 1l Glace:	
6–8 Eßl.	Öl zum Anbraten
3 kg	Kalbsknochen (vom Metzger in Stücke hacken lassen)
3	Zwiebeln
1	große Möhre
1	Lauchstange
2 Eßl.	Tomatenmark oder
5	frische reife Fleischtomaten
8 l	Wasser

1. In einem großen Bräter das Öl erhitzen (den Bräter auf zwei heiße Herdplatten stellen). Die Kalbsknochen darin bei starker Hitze kräftig anrösten.

2. Die Zwiebeln, die Möhre und die Lauchstange putzen. Alles in etwa 3 cm große Würfel schneiden. Zu den Knochen geben und unter Wenden rösten, bis sie schön braun sind. Das Tomatenmark oder die grob zerteilten Tomaten hinzufügen und alles abermals braun rösten lassen. Mit dem Wasser ablöschen. Zum Kochen bringen und anschließend bei schwacher Hitze etwa 6 Stunden köcheln lassen.

3. Die entstandene Brühe durch ein feines Spitzsieb in einen Topf passieren. Die Brühe bei schwacher Hitze auf die Hälfte einkochen lassen. Den dabei entstehenden Schaum immer wieder mit einem Schöpflöffel vorsichtig abschäumen. Die Brühe durch ein mit Mull ausgelegtes Sieb gießen, über Nacht im Kühlschrank ruhen lassen.

4. Das festgewordene Fett von der Oberfläche abheben. Die Brühe dann weiter einkochen, bis sie eine sirupartige Konsistenz hat.

5. Die Glace ist nun fertig. Sie wird gekühlt sehr fest und läßt sich gut in kleine Portionen schneiden und einfrieren.

Heller Kalbsfond

Für etwa 2 1/2–3 l Fond:	
2 1/2 kg	Kalbsknochen (vom Metzger klein hacken lassen)
2	Zwiebeln
2	mittelgroße Möhren
1 Stück	Knollensellerie (etwa 150 g)
	einige Stengel Petersilie
1	knapper Eßl. Pfefferkörner
ca. 4 l	Wasser

1. Die Kalbsknochen zuerst blanchieren. Dafür in einen ausreichend großen Topf füllen und mit Wasser bedecken. Das Wasser aufkochen und die Knochen etwa 5 Minuten köcheln lassen. Dann abgießen und mit kaltem Wasser gründlich abspülen.

2. Die Zwiebeln schälen und vierteln. Die Möhren und den Sellerie waschen und grob zerteilen. Alles zusammen mit den Knochen, der Petersilie und den Pfefferkörnern wieder in den Topf geben. Das Wasser dazugießen und bei mittlerer Hitze zum Kochen bringen. Den dabei entstehenden Schaum immer wieder mit einer Schöpfkelle abschöpfen.

3. Den Fond bei schwacher Hitze 4–5 Stunden köcheln lassen. Zwischendurch immer wieder abschöpfen.

4. Anschließend durch ein feines Spitzsieb gießen. Den Fond abkühlen lassen, dann kaltstellen. Die Fettschicht läßt sich danach ganz leicht abheben und entfernen. Der Fond hält sich im Kühlschrank etwa 3 Tage.
Dann vor der Verwendung nochmals für 5 Minuten aufkochen und wieder kaltstellen. Sie können den Kalbsfond aber für Ihren Vorrat auch portionsweise einfrieren. Dafür entweder in Gefrierbehälter füllen (eckige sind platzsparender!) oder zuerst Gefrierbeutel in solche Behälter geben. Mit dem Fond füllen und einfrieren. Wenn die Blöcke fest sind, die Beutel herausheben, verschließen und wieder einfrieren. So sparen Sie Behälter und Platz!

Geflügelbrühe

Sie wird genauso wie der helle Kalbsfond zubereitet. Sie ersetzen dafür die Hälfte der Kalbsknochen durch die gleiche Menge Hühnerklein oder 1 großes Suppenhuhn.
Wenn Sie ein ganzes Huhn mitkochen, können Sie dieses nach etwa 1 1/4 Stunden aus der Brühe heben. Kurz abkühlen lassen und das Fleisch von den Knochen lösen. Für einen Geflügelsalat oder ein Frikassee verwenden. Die Karkasse (Knochen) wieder zurück in den Topf geben und mitkochen.

Fleischbrühe

Für etwa 2 l Brühe:	
1	*kg durchwachsenes Rindfleisch*
3–4	*Markknochen*
2 Bund	*Suppengrün*
1	*große Zwiebel*
1 Eßl.	*Pfefferkörner*
2	*Pimentkörner*
1	*Lorbeerblatt*
1	*kleiner Zweig Thymian*
	Salz
	frisch gemahlener Pfeffer
	frisch geriebene Muskatnuß

1. Das Rindfleisch mit den Knochen in einem ausreichend großen Topf kräftig anrösten. Dabei kein Fett verwenden. Mit etwa 3 l Wasser ablöschen und dieses bei mittlerer Hitze langsam zum Kochen bringen.

2. Inzwischen das Suppengrün putzen, waschen und grob zerkleinern. Die Zwiebel quer halbieren und mit der Schnittfläche nach unten auf die heiße Herdplatte legen. Ganz kräftig anrösten. Die Schnittflächen müssen fast schwarz sein.

3. Alles zusammen mit den Pfefferkörnern, dem Piment, dem Lorbeerblatt, dem Thymian und 1/2 Teelöffel Salz zum Fleisch geben. Einmal aufkochen lassen, dann bei schwacher Hitze etwa 3 Stunden ganz leise köcheln lassen.

4. Ein Sieb mit einem Mulltuch auslegen. Die Fleischbrühe mit Salz, Pfeffer und etwas Muskat abschmecken. Durch das Sieb gießen und abkühlen lassen. Kalt stellen und anschließend die Fettschicht abheben. Im Kühlschrank (2–3 Tage) aufbewahren oder portionsweise einfrieren.

Fischfond

Für etwa 1 l Fond:	
1	*mittelgroße Zwiebel oder*
2	*Schalotten*
700 g	*Fischgräten,*
	Kopf- und Schwanzstücke
1/4 l	*trockener Weißwein*
1 l	*Wasser*
1	*knapper Eßl. Pfefferkörner*
1	*Stengel Thymian*
2	*Lorbeerblätter*
3–4	*Stengel Petersilie*

1. Die Zwiebel oder die Schalotten schälen und fein hacken. Zusammen mit den Fischgräten und -abschnitten in einen Topf geben. Mit dem Weißwein und dem Wasser auffüllen. Die Pfefferkörner hinzufügen.

Mein Küchenwissen

2. Die Kräuter entweder mit Küchenzwirn zusammenbinden oder in ein Stück Mulltuch einbinden. In den Fischfond geben. Die Flüssigkeit bei mittlerer Hitze zum Kochen bringen, dann den Fond bei schwacher Hitze 20–25 Minuten leise köcheln lassen.

3. Den Fond durch ein feines Spitzsieb oder ein mit Mulltuch ausgelegtes Sieb gießen. Abkühlen lassen und dann kalt stellen. Der Fischfond hält sich im Kühlschrank etwa 2 Tage.

Mein Tip:

Kochen Sie den Fond auf keinen Fall länger als 30 Minuten. Er kann sonst einen leicht bitteren Geschmack bekommen.

Selbstgemachte Nudeln

Für etwa 450 g Teig	
	(4 Personen)
300 g	*Mehl*
1/2 Teel.	*Salz*
3	*Eier*
1–2 Eßl.	*Öl*

1. Das Mehl in eine Schüssel füllen. Das Salz hinzufügen und in die Mitte eine Vertiefung drücken.

2. Die Eier mit einer Gabel leicht verquirlen und in die Mulde gießen. Das Öl dazugeben.

3. Alles nun von der Mitte her entweder mit einem Rührlöffel oder mit den Knethaken des Handrührgerätes gut vermischen. Anschließend mit den Händen auf der Arbeitsfläche zu einem festen elastischen Teig verkneten. Sollte der Teig zu fest sein, noch etwas Wasser unterkneten. Wenn er zu weich ist oder klebt, teelöffelweise noch Mehl einarbeiten.

4. Den fertigen Nudelteig in Folie wickeln und etwa 30 Minuten bei Zimmertemperatur ruhen lassen. Anschließend in 4–5 Stücke teilen und von Hand oder mit der Nudelmaschine weiter verarbeiten.

5. Für handgeschnittene Nudeln den Teig auf einer leicht bemehlten Arbeitsfläche dünn (etwa messerrückendick) ausrollen. Die Platte mit wenig Mehl bestäuben und aufrollen. Nach Belieben in feine oder breitere Streifen schneiden.

6. Für maschinengeschnittene Nudeln die Teigstücke nacheinander zuerst bei der gröbsten Einstellung durch die Nudelwalzen drehen. Den Walzenabstand nach und nach verkleinern, bis ganz dünne Teigbänder entstanden sind. Die Platten zwischendurch eventuell leicht mit Mehl bestäuben. Zum Schluß mit dem entsprechenden Aufsatz in breite oder feinere Nudeln schneiden.

Mein Tip:

Die selbstgemachten Nudeln entweder sofort in reichlich Salzwasser (für 500 g Nudeln mindestens 3 l) garen. Je nach Dicke nicht länger als 1–2 Minuten. Sonst werden sie matschig. Oder die Nudeln trocknen. Dafür am besten über einen Besenstiel hängen, den man über zwei Stuhllehnen legt. Oder auf einem mit Grieß bestreuten Küchentuch ausbreiten und 2–3 Stunden trocknen lassen. Die Nudeln müssen auf jeden Fall ganz trocken sein, da sie sonst leicht schimmeln. Die getrockneten Nudeln locker in eine Dose oder Tüte füllen. Sie halten sich so 3–4 Tage. Sie können sie aber auch einfrieren und bis zu 2 Monaten aufbewahren

Junge Artischocken vorbereiten

Ganz junge kleine Artischocken sind so zart, daß man sie roh essen kann. Dafür müssen aber vorher alle äußeren harten Blätter entfernt werden. Die Blätter dazu mit einem kleinen Messer leicht von der Frucht wegziehen und nach unten abbrechen. So Blatt für Blatt wegbrechen, bis nur noch die gelben, weichen inneren Blätter stehen.

Den Stiel abschneiden und die harten Teile vom Boden sorgfältig mit dem Messer wegschneiden. Die Artischokken anschließend längs halbieren und in feine Spalten schneiden.

Gemüse blanchieren

Das Gemüse wird vorbereitet, also geschält oder gewaschen und geputzt, je nach Rezept auch noch zerkleinert. Anschließend in leicht gesalzenes kochendes Wasser geben und je nach Sorte in wenigen Minuten knackig gar kochen. Mit einem Schaumlöffel aus dem Kochwasser heben oder in ein Sieb abgießen. Dann sofort in eine Schüssel mit Eiswasser geben (etwa 1 Schale Eiswürfel auf 1 1/2 – 2 l Wasser). Darin ganz abkühlen lassen. Dann in einem Sieb abtropfen lassen und auf Küchenpapier oder einem Küchentuch ausbreiten, damit das restliche Wasser noch abtropfen kann.

Gemüse-Julienne schneiden

Fein streifig geschnittenes Gemüse bezeichnet man als Gemüse-Julienne. Die Streifen werden roh oder blanchiert (siehe mittlere Spalte) verwendet.

Das geputzte Gemüse (zum Beispiel Möhren oder Sellerie) zuerst längs in ganz dünne Scheiben schneiden. Das geht ganz gut auf der elektrischen Brotschneidemaschine (auf jeden Fall den Restehalter benutzen!). Dann in etwa 5 cm lange Stücke teilen. Diese aufeinanderlegen und längs in ganz feine Streifen schneiden.

Tomaten vorbereiten

Die Haut der Tomaten mit einem Messer kreuzweise einritzen. In kochendes Wasser geben und spätestens nach 20 Sekunden mit einem Schaumlöffel wieder herausheben. Gleich mit kaltem Wasser abschrecken; besser noch in Eiswasser legen. Dann die Haut abziehen und die Tomaten quer zum Stielansatz halbieren. Mit den Fingern die Kerne herausdrücken. Das Tomatenfleisch anschließend entsprechend dem Rezept grob hacken, in Viertel oder feine Würfel schneiden.

Mein Küchenwissen

Jakobsmuscheln vorbereiten

Die Muschel in die Hand legen, die flache Schalenhälfte soll dabei nach oben zeigen.
Mit einem Austernöffner oder einem kleinen kräftigen Messer am Schalenrand leicht einstechen und entlangfahren.

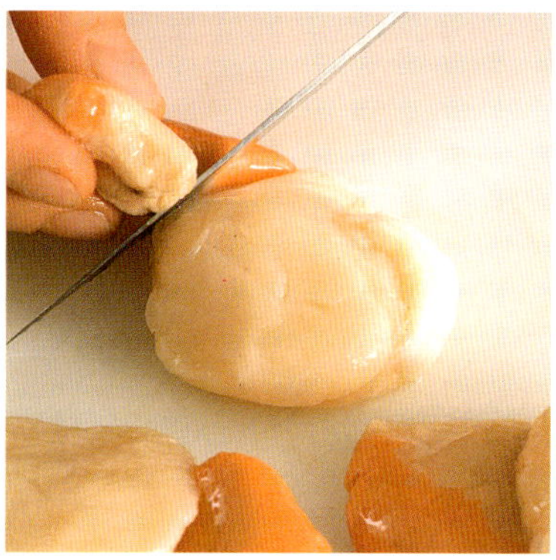

Den flachen Deckel abheben. Das Fleisch lösen und in Wasser legen. Nun alles entfernen, so daß nur noch der helle Muskel und der orangerote Rogen übrigbleiben. Die gewölbte Schale können Sie gründlich waschen und beispielsweise zum Servieren von Salat aufbewahren.

Fischfilet entgräten

Wenn Sie etwas Übung haben, können Sie wahrscheinlich ganze Fische selbst filetieren. Diese Arbeit übernimmt natürlich auch der Fischhändler. Zu Hause müssen Sie dann eventuell nur noch restliche Gräten entfernen. Fahren Sie mit der Fingerspitze mit ganz leichtem Druck über das Filet. Sie spüren die Gräten sofort. Mit einer Küchenpinzette, einer kleinen Flachzange oder zwischen Daumen und einer kleinen Messerklinge lassen sie sich leicht herausziehen.

Austern öffnen

Austern haben in den kühleren Monaten Saison, also von September bis April. Im Sommer werden sie zwar auch angeboten, können aber wäßrig schmecken.

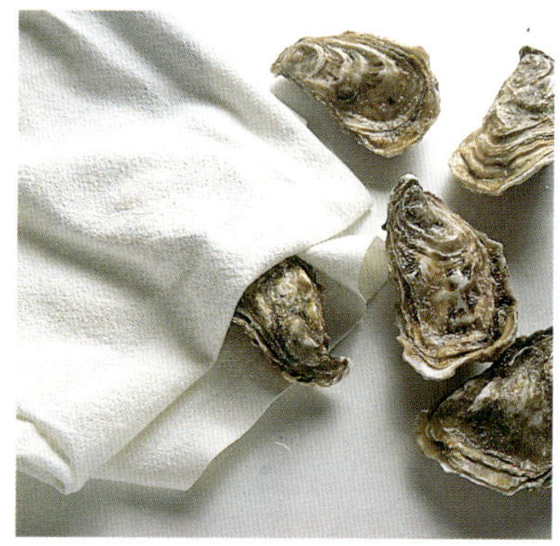

Legen Sie die Auster in ein mehrfach gefaltetes Küchentuch; die flache Schalenseite muß dabei nach oben zeigen.

Den Austernöffner oder ein kleines, sehr kräftiges Messer an der Scharnierlinie ansetzen. Die Auster durch eine kräftige Drehbewegung öffnen.

Langoustinen vorbereiten

Langoustinen werden auch häufig unter den Bezeichnungen Kaisergranat oder Scampi angeboten.

Die Langoustine an Schwanz und Kopf anfassen. Den Kopf vorsichtig abziehen.

Dann das Schwanzfleisch regelrecht aus der Schale schälen. Je nach Rezept das Schwanzende daranlassen oder wegschneiden. Zum Servieren von ganzen Langoustinen sieht es meist schöner aus, wenn der Schwanz komplett ist. Genauso können Sie bereits gegarte Langoustinen auslösen.

Geflügelfleisch auslösen

Für manche Rezepte benötigen Sie nur das Brustfleisch des Geflügels (zum Beispiel für den Sauerkraut-Salat mit rosa gebratener Fasanenbrust). Wenn Sie Gelegenheit haben, kaufen Sie trotzdem einen ganzen Vogel.
Lösen Sie dann das Brustfleisch aus: Mit einem scharfen Messer entlang des Brustbeins die Haut durchschneiden, das Fleisch leicht vom Knochengerüst wegziehen und ablösen. Dann an der unteren Seite die Haut durchschneiden und die Brust vollkommen ablösen. Nach Belieben noch die Keulen und Flügel ablösen und getrennt zubereiten. Oder aus der gesamten Karkasse einen kräftigen Fond kochen.

Fleisch parieren

Manche Fleischstücke müssen vor der weiteren Verwendung pariert, das heißt, von Fett, Häutchen und Sehnen befreit werden.

So zum Beispiel bei einem Filetstück, wie es hier bei einem Kalbsfilet gezeigt wird. Mit einem scharfen Messer geht es viel leichter.

Auch die feinen Häutchen und winzig kleinen Fettstückchen von Geflügellebern müssen schonend entfernt werden, damit die Lebern nicht verletzt werden.

Feine Salate als Auftakt

Salat ist viel mehr als eine Mischung aus Gurken, Tomaten und Kopfsalat. Salate, aus Fischen, Gemüsen oder Geflügel zubereitet, sind typische Vorspeisen einer leichten, neuen Küche. Am Anfang eines mehrgängigen Menüs sind sie der ideale Auftakt. Angemacht mit einer leichten Vinaigrette, aus erstklassigen Ölen und feinen Essigen oder Zitrone, machen sie vieles leichter und Appetit auf die nachfolgenden Gerichte.

Löwenzahn-Salat mit Hühnerlebern

Kleinere Geflügellebern können Sie im Ganzen auf dem Salat anrichten. Größere Leberstücke, zum Beispiel Puten- oder Entenlebern, braten Sie zuerst (je nach Größe 5–6 Minuten) und schneiden sie dann erst kurz vor dem Servieren in knapp fingerdicke Scheiben.

	Für 4 Personen:
4	*Stauden weißer Löwenzahn*
80 g	*durchwachsener Speck in Scheiben*
2 Eßl.	*Sesamsamen*
	Für die Vinaigrette:
2 Eßl.	*Sherryessig*
	Salz
	frisch gemahlener schwarzer Pfeffer
1	*Prise Zucker*
3 Eßl.	*Olivenöl, kalt gepreßt*
3 Eßl.	*Sesamöl*
	Für die Hühnerlebern:
12	*Hühnerlebern (etwa 350 g)*
2 Eßl.	*Pflanzenöl zum Braten*
1	*Schuß Sherryessig*
je 2 Eßl.	*Portwein, Madeira und Rotwein*
8 Eßl.	*Fleischextrakt (Glace de viande, (siehe Seite 8)*
20 g	*eiskalte Butter*
	Zum Garnieren:
1 Teel.	*frische Majoranblättchen*
	Arbeitsaufwand:
	etwa 50 Minuten
	Garzeit:
	etwa 20 Minuten

1. Vom Löwenzahn den Strunk abschneiden. Die Stielenden großzügig wegschneiden. Die Löwenzahnblätter rasch in kaltem Wasser waschen. In ein Sieb geben und abtropfen lassen. Danach auf einem Küchentuch ausbreiten, damit überschüssiges Wasser abtropfen kann.

2. Den Speck in etwa 1 cm lange, dünne Streifen schneiden. Den Speck ganz kurz in kochendes Wasser geben, in ein Sieb abgießen und abtropfen lassen. Dadurch wird der intensive Salzgeschmack ein wenig gemildert.

3. Den Sesam in einer kleinen Pfanne ohne Fett bei schwacher Hitze goldbraun rösten.

4. Für die Vinaigrette den Essig mit Salz, Pfeffer und dem Zucker verrühren. Die beiden Ölsorten unterschlagen.

5. Die Geflügellebern putzen, dabei alle Häutchen und Sehnen entfernen (siehe Seite 13). In einer Pfanne das Pflanzenöl erhitzen. Die Geflügellebern mit den Speckstreifen dazugeben und bei mittlerer Hitze in 2–3 Minuten (je nach Größe der Lebern) rosé braten. Aus der Pfanne nehmen und warm stellen.

6. Das Bratfett abgießen und den Fond mit dem Sherryessig ablöschen. Die Flüssigkeit bei starker Hitze vollkommen einkochen lassen. Den Portwein, den Madeira und den Rotwein dazugeben und auf die Hälfte einkochen lassen.

7. Den Fleischextrakt hinzugeben und alles noch einmal auf die Hälfte einkochen lassen. Die Butter in kleine Stücke schneiden und nach und nach zur Sauce geben. Dazu den Topf vom Herd nehmen und die Butter durch Schwenken in der Sauce schmelzen lassen. Nicht mehr erhitzen.

8. Den Löwenzahn in der Vinaigrette wenden und auf Tellern anrichten. Die Geflügellebern und die Speckstreifen darauf legen. Mit den Majoranblättchen bestreuen, und die Leberstücke mit der Sauce beträufeln. Sofort servieren.

Mein Tip:

Dazu paßt ein kräftiger trockener Weißwein.

Salat von grünem und weissem Spargel mit Kerbel

Dieser einfache und schnell zuzubereitende Salat schmeckt am besten mit einem trocken ausgebauten Franken-Silvaner.

Für 4 Personen:	
je 16	*Stangen weißer und grüner Spargel (möglichst gleich dick)*
2 l	*Mineralwasser (siehe Tip)*
20 g	*Butter*
	Salz
1	*Prise Zucker*
Für die Vinaigrette:	
2–3 Eßl.	*Himbeeressig*
	Salz
	frisch gemahlener Pfeffer
8 Eßl.	*Traubenkernöl*
Zum Garnieren:	
	einige Stengel frischer Kerbel
1/2 Teel.	*grob gestoßener schwarzer Pfeffer*
Arbeitsaufwand:	
	etwa 40 Minuten
Garzeit:	
	etwa 12 Minuten

1. Die Spargelstangen sorgfältig schälen und die Enden, besonders beim grünen Spargel, großzügig abschneiden. Die holzigen Spargelenden können unangenehme Bitterstoffe enthalten.

2. In einem breiten Topf das Mineralwasser mit der Butter zum Kochen bringen. Mit Salz und dem Zucker würzen.

3. Die weißen Spargelstangen ins Kochwasser geben und bei schwacher Hitze leise köcheln lassen. Nach etwa 4 Minuten den grünen Spargel (er hat eine kürzere Garzeit) dazugeben und alles weitere 8 Minuten köcheln lassen.

4. Inzwischen für die Vinaigrette den Essig mit Salz und Pfeffer mit einem kleinen Schneebesen verrühren. Das Öl unterschlagen, bis eine cremige Marinade entsteht.

5. Den Spargel vorsichtig mit einer Schaumkelle aus dem Topf heben und in Eiswasser abschrecken. Sofort wieder aus dem Eiswasser nehmen und auf einem Küchentuch abtropfen lassen. Nicht zu lange liegen lassen, denn er soll zum Anrichten noch schön warm sein.

6. Die Spargelstangen immer abwechselnd, grün und weiß, parallel nebeneinander flach auf Tellern anrichten und mit etwas Vinaigrette beträufeln.

7. Nach etwa 2 Minuten, wenn der Spargel bereits einen Teil der Vinaigrette aufgesogen hat, nochmals mit der restlichen Vinaigrette beträufeln.

8. Die Kerbelblättchen von den Stielen zupfen. Den Spargel mit dem grob zerstoßenen Pfeffer bestreuen und mit den Kerbelblättchen bedecken. Sofort servieren.

Mein Tip:

Achten Sie beim Einkauf unbedingt auf die Frische des Spargels. Ganz leicht läßt sich das an der Schnittfläche der Spargelenden erkennen; sie sollte schön feucht sein. Bei offen angebotenem Spargel können Sie das gut feststellen. Schwierig wird es, wenn der Spargel in Papierbanderolen gebündelt verkauft wird. Doch ein seriöser Händler entfernt sicher das Papier, damit Sie die Frische überprüfen können. Normales Leitungswasser kann von sehr unterschiedlicher Qualität sein und eventuell einen Beigeschmack haben. Ich koche Spargel deshalb immer in Mineralwasser; der Geschmack bleibt so garantiert erhalten.
Der Spargelsalat soll »ölig« sein. Er ist so eine Variante von gekochtem Spargel mit Butter.

Salat von weissen Bohnen mit Schinken

Am besten schmeckt zu diesem Bohnensalat ein luftgetrockneter Schinken aus Italien. Meine Favoriten: San-Daniele-, San-Leo-Schinken oder ein klassischer, etwas kräftigerer Parmaschinken. Es paßt aber auch ein Bressaola oder ein Bündner Fleisch. Wichtig ist nur, daß Sie sich den Schinken beim Einkauf in möglichst dünne Scheiben aufschneiden lassen.

	Für 4 Personen:
200 g	*getrocknete weiße Bohnenkerne*
	Für die Vinaigrette:
3 Eßl.	*Rotweinessig*
	Salz
	frisch gemahlener Pfeffer
8 Eßl.	*Olivenöl, kalt gepreßt*
	Für den Salat:
1	*Bund Petersilie*
ca. 125g	*Rauke (Rucola)*
1	*Schalotte*
	Zum Anrichten:
160 g	*luftgetrockneter Schinken,*
	in dünne Scheiben geschnitten
	grob gestoßener schwarzer
	Pfeffer
	Quellzeit:
	etwa 3 Stunden
	Garzeit:
	etwa 50 Minuten
	Arbeitsaufwand:
	etwa 40 Minuten

1. Die Bohnenkerne unter fließendem Wasser abspülen. In einem Topf mit etwa 1 l Wasser übergießen und etwa 3 Stunden einweichen.

2. Das Einweichwasser salzen und die Bohnen darin bei schwacher Hitze 40–50 Minuten weich kochen. Jedoch nicht aufplatzen lassen. Die Bohnen in ein Sieb abgießen und überschüssiges Wasser gut abtropfen lassen.

3. Die Bohnen noch warm in einer Schüssel mit dem Essig, Salz, Pfeffer und dem Öl verrühren. Zugedeckt etwa 30 Minuten durchziehen lassen. Anschließend gegebenenfalls nochmals würzen.

4. Während die Bohnen durchziehen, die Petersilie waschen, trockenschütteln und grob hacken. Die Rauke waschen und sorgfältig trockenschütteln. Dicke Blattstiele entfernen. Die Schalotte schälen und ganz fein hacken.

5. Die Raukeblätter auf flachen Tellern als Bett ausbreiten. Die Petersilie und die Schalotte unter die Bohnen mischen. Alles auf den Raukeblättern verteilen.

6. Den Schinken auf den Tellern anrichten und mit dem grob gestoßenen Pfeffer bestreuen.

Mein Tip:

Dieser Bohnensalat eignet sich auch prima für ein Party-Buffet. Die Menge dann einfach je nach Personenzahl vervielfachen. Da der Salat durchziehen muß, können Sie ihn ohne weiteres schon einige Zeit vorher vorbereiten. Kurz vor dem Servieren dann nur noch auf einer Platte mit dem luftgetrockneten Schinken anrichten.

Roher Artischocken-Salat

Für diese Vorspeise brauchen Sie wirklich kleine, junge Artischocken, die bei uns im Winter angeboten werden. Fein geschnitten sind sie ganz zart und haben einen leicht bitteren Geschmack.

	Für 4 Personen:
12	*kleine Artischocken*
	Für die Vinaigrette:
	Saft von
1	*Zitrone*
	Salz
	frisch gemahlener schwarzer
	Pfeffer
1	*Prise Zucker*
8 Eßl.	*Olivenöl, kalt gepreßt*
4–5	*Stengel frischer Estragon*
60 g	*Parmesan am Stück*
	Arbeitsaufwand:
	etwa 30 Minuten

1. Die äußeren dicken Blätter der Artischocken mit einem kleinen Messer nach unten abknicken. Die Artischocken auf diese Weise ringsum »abblättern«, so daß lediglich noch die zartgelben inneren Blätter stehenbleiben. Mit einem scharfen Messer vorsichtig alle grünen Stellen vom Artischockenboden abschneiden. Die Stiele von den Böden abbrechen. Zum Vorbereiten der Artischocken lesen Sie bitte auch auf Seite 11 nach.

2. Für die Vinaigrette den Zitronensaft mit Salz, Pfeffer und dem Zucker verrühren. Das Öl nach und nach unterschlagen.

3. Die Artischocken in hauchfeine Scheibchen schneiden und in der Vinaigrette wenden. Den Estragon von den Stielen zupfen, fein schneiden und untermischen. Den Salat in tiefen Tellern anrichten.

4. Den Parmesan fein darüber hobeln. Am besten eignet sich hierfür ein Trüffelhobel oder ein scharfer Gemüsehobel.

Mein Tip:

Dazu paßt ein kräftiger, fruchtiger Weißwein, zum Beispiel aus der Toscana.

Winterlicher Salat mit Walnüssen

Die kleinen roten Beten sind besonders zart und ganz fein im Geschmack.

	Für 4 Personen:
350 g	*kleine rote Beten*
	Salz
1	*Schuß Essig*
	etwas Kümmel
100 g	*Feldsalat*
100 g	*Rauke (Rucola)*
1	*Kopf Endiviensalat*
80 g	*Walnußkerne*
	Für die Vinaigrette:
2 Eßl.	*Cassis-Essig*
	Salz
	frisch gemahlener Pfeffer
4 Eßl.	*Olivenöl, kalt gepreßt*
2 Eßl.	*Walnußöl*
2 Eßl.	*Crème fraîche*
	Arbeitsaufwand:
	etwa 40 Minuten
	Garzeit:
	etwa 40 Minuten

1. Die kleinen roten Beten unter fließendem Wasser sorgfältig waschen. Dann in Salzwasser (sie sollen gerade eben davon bedeckt sein) mit dem Essig und dem Kümmel bei schwacher Hitze zugedeckt in etwa 40 Minuten garen.

2. In der Zwischenzeit den Feldsalat, die Rauke und den Endiviensalat putzen. Vom Endiviensalat nur die kleinen gelben Herzblätter verwenden. Die äußeren großen Blätter lassen sich übrigens sehr gut zum Füllen (siehe Rezept Seite 134) verwenden.

3. Die Salate rasch in kaltem Wasser waschen. In einem Tuch oder in einer Salatschleuder trockenschleudern.

4. Die Walnüsse in kochendes Wasser geben und kurz aufkochen. In ein Sieb abgießen und mit kaltem Wasser überspülen. Nun können Sie die braune Haut einfach abreiben. Die geschälten Walnußkerne in einer kleinen Pfanne ohne Fett bei schwacher Hitze goldbraun rösten.

5. Für die Vinaigrette den Essig mit Salz und Pfeffer verrühren. Die beiden Ölsorten nach und nach unterschlagen. Ein Drittel der Vinaigrette mit der Crème fraîche glattrühren.

6. Die Salate in der restlichen Vinaigrette wenden und auf Tellern anrichten. Die Crème-fraîche-Sauce punktweise um den Salat anrichten.

7. Die roten Beten schälen und in Scheiben schneiden. Noch lauwarm auf die hellen Cremepunkte legen. Mit den gerösteten Walnußkernen bestreuen und sofort servieren.

Mein Tip:

Variieren und ergänzen Sie diesen Salat ganz nach Ihrem Geschmack. So harmonieren die erdigen Aromen von Feldsalat und roter Bete zum Beispiel sehr gut mit einer gebratenen Wachtel oder geräucherter Gänsebrust.

Sauerkraut-Salat mit rosa gebratener Fasanenbrust

Zugegeben, diese herbstliche Vorspeise ist etwas aufwendig zuzubereiten. Aber die Mühe lohnt sich.

Für 4 Personen:	
Für das Sauerkraut:	
400 g	*frisches Sauerkraut*
300 ml	*Weißwein*
	Salz
	frisch gemahlener weißer Pfeffer
	Zucker
6 Eßl.	*Traubenkernöl*
2 Eßl.	*Champagneressig (ersatzweise sehr milder Weißweinessig)*
Für das Kräutersäckchen:	
1/2 Teel.	*Kümmel*
1/2	*Lorbeerblatt*
4	*Nelken*
10	*Pimentkörner*
Für die Fasanenbrust:	
2	*Fasanenbrüste*
	Salz
	frisch gemahlener Pfeffer
	etwas Senf
4	*Scheiben dünn geschnittener fetter, geräucherter Rückenspeck*
Für die Sauce:	
2	*Hühnerlebern*
40 g	*zimmerwarme Butter*
4 Eßl.	*Portwein*
1	*Spritzer Champagneressig*
4 Eßl.	*Fleischextrakt (Glace de viande, siehe Seite 8)*
	Pflanzenöl und etwas Butter zum Braten
Zum Anrichten:	
	einige Stengel frischer Estragon
Arbeitsaufwand:	
	etwa 50 Minuten
Garzeit:	
	etwa 1 1/2 Stunden
Ruhezeit:	
	etwa 2 Stunden

Falls Sie einen ganzen Fasan verwenden und die Brüste für diese Vorspeise ausgelöst haben, können Sie aus dem Rest ein Fasanen-Mousse (siehe Seite 77) zubereiten.
Im Gasthof »Zum Hirschen« servieren wir im Spätherbst diesen Salat sehr gerne. Sauerkraut gibt es dann überall ganz frisch, beim Metzger, Gemüsehändler oder im Reformhaus. Damit das Kraut schön mild schmeckt, sollten Sie es vor dem Garen gut mit kaltem Wasser durchspülen. Und kochen Sie das Kraut nicht zu lange, es soll schon noch etwas Biß haben. Übrigens: Sie können ruhig gleich eine größere Menge kochen und den Rest dann zu frischen Leber- und Blutwürsten oder zu kleinen Rostbratwürstchen essen.

Wenn Sie keinen Fasan bekommen, ersetzen Sie das Fleisch durch ausgelöste Hühnerbrüste. Auch diese wickeln Sie vor dem Braten am besten in Speckstreifen. Sie bekommen dadurch etwas vom Räucheraroma ab und bleiben schön saftig.
Der Sauerkrautsalat ist auch eine ideale Vorspeise für ein Buffet, denn er läßt sich gut auch in größeren Mengen zubereiten. Und er bleibt für einige Zeit ansehnlich. Das ist bei einem Buffet ja immer besonders wichtig. Die Hühner- oder Fasanenbrüste können Sie hierfür dann auch auf dem Backblech braten, wenn der Platz in der Pfanne nicht ausreichen sollte. Heizen Sie den Backofen auf 220° vor. Erhitzen Sie ganz wenig Öl auf dem Blech. Die eingewickelten Brüste dann darauf legen und gleich in den heißen Backofen schieben, Fasanenbrüste für etwa 10 Minuten, Hühnerbrüste für etwa 15 Minuten. Die Fleischstücke nach der Hälfte der Garzeit wenden.
Wenn sie fertig sind, aus dem Ofen nehmen und auf dem Blech noch etwa 5 Minuten nachziehen lassen. Dann erst aufschneiden und auf dem Salat anrichten.
Zu diesem Sauerkrautsalat trinke ich gerne einen trocken ausgebauten »Gewürztraminer«.

1. Das Sauerkraut in ein Sieb geben und unter fließendem Wasser gründlich waschen. Dabei mit den Händen lockern.

2. Für das Kräutersäckchen den Kümmel mit dem Lorbeerblatt, den Nelken und den Pimentkörnern in Küchenmull einbinden und zum Kraut geben.

3. Das Kraut mit dem Weißwein, der gleichen Menge (300 ml) Wasser, Salz, Pfeffer und 1 Prise Zucker in einen großen Topf füllen und erhitzen. Das Kraut nun bei schwacher Hitze zugedeckt in etwa 1 1/4 Stunden garen. Das Kraut soll dann noch etwas Biß haben.

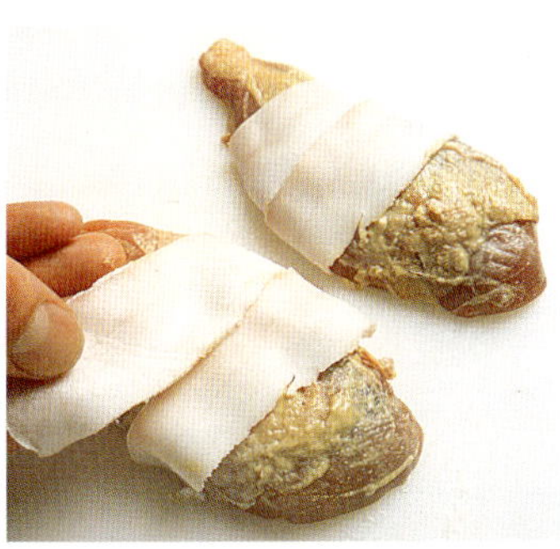

4. In der Zwischenzeit die Fasanenbrüste von der Karkasse ablösen (siehe Seite 13) oder 2 bereits vom Händler vorbereitete Brüste verwenden. Das Fleisch salzen und pfeffern. Dünn mit Senf bestreichen und mit den Speckscheiben umhüllen.

5. Das gekochte Sauerkraut in ein Sieb schütten und das Kräutersäckchen entfernen. Das Kraut noch warm mit Salz, weißem Pfeffer, etwas Zucker, dem Öl und dem Essig würzen. Gut vermischen und abgedeckt etwa 2 Stunden ziehen lassen.

6. Die Geflügellebern putzen und grob hacken. Anschließend im Mixer oder elektrischen Zerkleinerer fein pürieren. Dann mit einem Löffelrücken durch ein sehr feines Sieb streichen. Das Püree mit der weichen Butter zu einer homogenen Masse vermischen. Die Leberbutter kalt stellen.

7. Den Backofen auf 150° vorheizen. Die Fasanenbrüste in einer Pfanne in etwas Pflanzenöl und Butter bei starker Hitze anbraten. In den vorgeheizten Ofen schieben und weitere 8 Minuten braten. Aus der Pfanne nehmen und warm stellen. Die Brüste vor dem Aufschneiden einmal wenden.

8. Den Bratfond in der Pfanne mit dem Champagneressig ablöschen und bei starker Hitze vollständig einkochen lassen. Den Portwein dazugeben und auf die Hälfte reduzieren. Den Fleischextrakt dazugeben und einmal aufkochen, vom Herd nehmen und die kalte Leber-Mischung darunterrühren.

9. Den Estragon von den Stielen zupfen. Die Blättchen fein schneiden. Das Sauerkraut nachwürzen, mit dem Estragon vermischen und auf Tellern anrichten.

10. Die noch warmen Fasanenbrüste schräg in dünne Scheiben schneiden und gleichmäßig auf dem Sauerkrautsalat anrichten. Mit der Sauce beträufeln. Je nach Geschmack können Sie den mitgebratenen Rückenspeck in feine Streifen schneiden und dazugeben.

Lauwarmer Lauchsalat mit Anis-Champignons

Verwenden Sie nur die zarten weißen und hellgrünen Teile der Lauchstangen. Das feste obere Grün wegwerfen oder zum Beispiel in einer Fleischbrühe mitkochen.

	Für 4 Personen:
	Für den Salat:
100 g	*Feldsalat*
4	*dünne Lauchstangen*
250 g	*Anis-Champignons*
	Für die Vinaigrette:
1	*gestrichener Teel. milder Senf*
2 Eßl.	*Weißweinessig*
	Saft von
1/2	*Zitrone*
	Salz
	frisch gemahlener weißer Pfeffer
je 4 Eßl.	*Traubenkern- und Walnußöl*
	Zum Garnieren:
1	*Handvoll Kerbel*
	Arbeitsaufwand:
	etwa 40 Minuten
	Garzeit:
	etwa 5 Minuten

1. Den Feldsalat putzen, waschen und in einem Sieb gut abtropfen lassen. Anschließend am besten noch in einem Küchentuch oder in einer Salatschleuder ganz trocken schleudern.

2. Das obere grüne Ende vom Lauch abschneiden. Die Lauchstangen unter fließendem Wasser gründlich waschen. Schräg in etwa 3 cm breite Stücke schneiden.

3. Die Anis-Champignons putzen und eventuell mit einem trockenen Tuch oder Küchenpapier abreiben. Fein blättrig schneiden.

4. Für die Vinaigrette in einer flachen Schüssel den Senf mit dem Essig, dem Zitronensaft, Salz und Pfeffer verrühren. Die beiden Ölsorten nach und nach unterschlagen.

5. Die Lauchstücke in kochendes Salzwasser geben und etwa 4 Minuten darin garen. Herausheben und zum Abschrecken in Eiswasser legen. Sofort mit einer Schaumkelle wieder herausheben und auf einem Küchentuch abtropfen lassen.

6. Den Lauch, er soll noch gut warm sein, vorsichtig in der Vinaigrette wenden. Die Anis-Champignons zufügen und vorsichtig untermischen. Beides kurze Zeit in der Marinade ziehen lassen.

7. In der Zwischenzeit den Feldsalat auf flachen Tellern verteilen. Mit einem Teil der Vinaigrette beträufeln. Die Lauchstücke und die Pilze darauf anrichten.

8. Die Kerbelblättchen von den Stielen zupfen und üppig über den Salat streuen. Den Lauchsalat sofort servieren.

Mein Tip:

Servieren Sie dazu einen säurebetonten frischen »Riesling« aus dem Rheingau.

Tintenfisch-Salat

Calamaretti sind sehr kleine Tintenfische, die Sie nicht zerteilen müssen. Sollten Sie diese einmal nicht bekommen, verwenden Sie einfach normale Tintenfische, die Sie in etwa 1/2 cm dicke Streifen schneiden.

	Für 4 Personen:
	Für die Tintenfische:
1	*kleine Zwiebel*
1	*Lorbeerblatt*
4	*Nelken*
2	*Knoblauchzehen*
	Salz
500 g	*Calamaretti (vom Fischhändler putzen lassen)*
	Für den Salat:
4	*große Fleischtomaten*
1	*Kopfsalat*
1	*Bund Basilikum*
1 Eßl.	*kleine, in Essig eingelegte Kapern*
	Für das Dressing:
	Saft von
1	*Limone oder Zitrone*
	Salz
	frisch gemahlener weißer Pfeffer
8 Eßl.	*Olivenöl, kalt gepreßt*
	Zum Garnieren:
	einige kleine Basilikumblättchen
	Arbeitsaufwand:
	etwa 40 Minuten
	Garzeit:
	etwa 15 Minuten

1. Für die Tintenfische die Zwiebel schälen und mit dem Lorbeerblatt und den Nelken spicken. Zusammen mit den ungeschälten Knoblauchzehen, etwas Salz und etwa 1 l Wasser in einen Topf füllen. Das Wasser aufkochen lassen.

2. Die geputzten Calamaretti in den kochendheißen Sud legen. Den Topf vom Herd ziehen und die Calamaretti etwa 15 Minuten ziehen lassen.

3. In der Zwischenzeit für den Salat die Tomaten mit kochendem Wasser überbrühen. Kalt abschrecken und die Haut abziehen. Die Tomaten vierteln und die Kerne herausschaben (siehe Seite 11). Das Fruchtfleisch in gleichmäßige Würfel schneiden, dann in ein Sieb geben und abtropfen lassen.

4. Den Kopfsalat putzen und waschen. Zuerst in einem Sieb, dann in einem Küchentuch sorgfältig trockenschütteln. Die Basilikumblättchen von den Stengeln zupfen und in Streifen schneiden. Die Kapern in einem Sieb abtropfen lassen.

5. Für das Dressing in einer Schüssel den Limonen- oder Zitronensaft mit Salz und Pfeffer verrühren. Das Olivenöl unterschlagen.

6. Die Salatblätter auf flache Teller legen und mit wenig Dressing beträufeln. Die Calamaretti aus dem Sud nehmen, abtropfen lassen und zusammen mit den geschnittenen Basilikumblättern, den Tomatenwürfeln und den Kapern in dem restlichen Dressing wenden. Etwa 5 Minuten darin ziehen lassen.

7. Den Tintenfischsalat noch lauwarm auf den Kopfsalatblättern anrichten. Mit kleinen Basilikumblättern garnieren und sofort servieren.

Mein Tip:

In unserem Restaurant empfehlen wir dazu einen »Vernaccia di San Gimignano«.

Endiviensalat mit gerösteter Blutwurst und Äpfeln

Eine kräftige Vorspeise, die Sie auch gut mal als kleines Abendessen servieren können.

Für 4 Personen:	
Für den Salat:	
2	*Köpfe Endiviensalat*
4–5	*Stengel frischer Koriander (ersatzweise Kerbel oder Estragon)*
2 Eßl.	*Apfel-Honig-Essig (ersatzweise 2 Eßl. Apfelessig mit 1 Messerspitze Honig verrühren)*
	Salz
	frisch gemahlener weißer Pfeffer
6 Eßl.	*Traubenkernöl*
Für die Garnitur:	
4	*kleine säuerliche Äpfel*
1 Eßl.	*Butter*
1 Eßl.	*Zucker*
1 Eßl.	*Essig*
250 g	*Blutwurst (im Naturdarm)*
2–3 Eßl.	*Pflanzenöl zum Braten*
	frisch gemahlener Pfeffer
Arbeitsaufwand:	
	etwa 30 Minuten
Garzeit:	
	10–15 Minuten

1. Vom Endiviensalat nur die zarten inneren Blätter herausschneiden und waschen. Zuerst in einem Sieb abtropfen lassen, dann in ein Küchentuch einschlagen und gut trockenschütteln. Die Korianderblätter von den Stielen zupfen.

2. Den Essig mit Salz und Pfeffer verrühren. Das Traubenkernöl unterschlagen. Die Endivienblätter zusammen mit dem Koriander in der Vinaigrette wenden und auf Tellern anrichten.

3. Für die Garnitur die Äpfel schälen und vierteln. Das Kernhaus herausschneiden. Die Apfelstücke in Schnitze zerteilen.

4. In einer Sauteuse die Butter schmelzen. Die Äpfel dazugeben und darin schwenken. Mit dem Zucker bestreuen und karamelisieren lassen. Mit dem Essig ablöschen und bei starker Hitze so weit reduzieren, bis die Äpfel leicht überglänzt sind.

5. Die Blutwurst häuten und in etwa 2 cm dicke Scheiben schneiden. In einer Pfanne das Pflanzenöl erhitzen. Die Blutwurstscheiben darin bei starker Hitze rasch auf beiden Seiten rösten. Zusammen mit den noch warmen Äpfeln auf dem Salat anrichten und mit Pfeffer würzen.

Mein Tip:

Für diese Vorspeise benötigen Sie nur die zarten inneren Blätter des Salats. Die kräftigeren Blätter können Sie gleich mitwaschen, etwas abtropfen lassen und noch leicht feucht in eine Plastiktüte füllen. Im Gemüsefach des Kühlschranks halten sie sich 2–3 Tage frisch. Daraus dann entweder einen kräftigen Salat zubereiten oder die Blätter zum Füllen (siehe Rezept Seite 134) verwenden.

Linsensalat mit Pökelzunge

Mit den ganz feinen braunen Linsen schmeckt der Salat besonders gut. Sie bekommen sie am besten in türkischen Lebensmittelgeschäften, in manchen Feinkostgeschäften oder Naturkostläden.

	Für 4 Personen:
200 g	*feine braune Linsen*
1/2	*Lorbeerblatt*
1	*kleine Möhre*
1	*kleines Stück Sellerie (etwa 50 g)*
1/2	*dünne Lauchstange*
1	*Schalotte*
6 Eßl.	*Pflanzenöl*
	Salz
	frisch gemahlener Pfeffer
2 Eßl.	*Rotweinesseig*
1	*Bund Schnittlauch*
	Zum Anrichten:
	einige Blätter Frisée
	und Löwenzahn
250 g	*geräucherte Pökelzunge*
	Quellzeit:
	etwa 2 Stunden
	Garzeit:
	etwa 55 Minuten
	Arbeitsaufwand:
	etwa 30 Minuten
	Ruhezeit:
	etwa 30 Minuten

1. Die Linsen in einem Sieb unter fließendem Wasser abspülen. In einen Topf geben und mit etwa 1/2 l Wasser begießen. Die Linsen etwa 2 Stunden quellen lassen.

2. Die Linsen dann mit dem Lorbeerblatt in dem Einweichwasser bei schwacher Hitze in etwa 50 Minuten weich kochen. Darauf achten, daß sie nicht aufplatzen. Die Linsen gegebenenfalls schon früher vom Herd nehmen. Die Kochzeit kann von Sorte zu Sorte etwas variieren.

3. Die gegarten Linsen in ein Sieb schütten und abtropfen lassen.

4. Das Gemüse putzen (die Möhre, den Sellerie und die Schalotte schälen) und in ganz feine Würfelchen schneiden. In einer großen Pfanne das Pflanzenöl erhitzen und die Gemüsewürfel darin bei starker Hitze anschwitzen. Die Linsen dazugeben und unter vorsichtigem Rühren etwa 3 Minuten köcheln lassen.

5. Alles in eine Schüssel geben und mit Salz, Pfeffer und dem Rotweinessig würzen. Den Linsensalat etwa 30 Minuten ziehen lassen.

6. Den Schnittlauch in feine Röllchen schneiden. 1 Teelöffel davon für die Garnitur beiseite geben, den Rest unter den Salat mischen. Den Salat zusammen mit den gewaschenen und abgetropften Frisée- und Löwenzahnblättern auf Tellern anrichten.

7. Die Pökelzunge in feine Scheiben schneiden (oder schon vom Metzger fein aufschneiden lassen) und auf dem Salat anrichten. Mit dem übrigen Schnittlauch bestreuen.

Mein Tip:

Im »Hirschen« empfehlen wir hierzu einen frischen trockenen »Trollinger« aus Württemberg, der kellerfrisch (bei einer Temperatur von 10–12°) am besten schmeckt.

Lauwarmer Kartoffel-Fenchel-Salat mit Langoustinen

Nach Ernst Rothenberger

Es ist nicht immer ganz einfach, frische Langoustinen zu bekommen. Sie sind jedoch wegen ihres zarten Aromas und der leichten Süße nur schwer zu ersetzen. Im Notfall können Sie auch Riesengarnelen verwenden.

	Für 4 Personen:
12	*Langoustinen (Scampi)*
2 Eßl.	*Olivenöl*
1	*Schalotte*
2	*Knoblauchzehen*
	Salz
	frisch gemahlener Pfeffer
	Für den Salat:
500 g	*festkochende Salatkartoffeln*
	(vorzugsweise Sieglinde)
	Salz
2	*kleine Fenchelknollen*
1/2	*Bund Petersilie*
2–3	*Stengel frisches Basilikum*
	einige Thymianblättchen
	Für die Vinaigrette:
2 Eßl.	*Estragonessig*
	Salz
	frisch gemahlener Pfeffer
4–6 Eßl.	*Olivenöl, kalt gepreßt*
	Zum Braten:
	Olivenöl
	Zum Garnieren:
	einige Basilikumblättchen
	und etwas Fenchelkraut
	Arbeitsaufwand:
	etwa 50 Minuten
	Garzeit:
	etwa 50 Minuten

1. Die Langoustinen kurz unter fließendem Wasser abspülen. Die Schwänze vorsichtig ablösen, ausbrechen und beiseite legen (siehe auch Seite 13).

2. In einem großen Topf das Öl erhitzen und die Karkassen der Langoustinen darin kräftig anrösten. Die Schalotte und die Knoblauchzehen grob hakken und hinzufügen. Alles unter regelrechtem Zerstampfen (zum Beispiel mit dem Pfannenwender) ganz stark anrösten.

3. Mit 1 l Wasser ablöschen und bei mittlerer Hitze etwa 20 Minuten köcheln lassen.

4. Diesen Jus dann durch ein Haarsieb passieren und bei starker Hitze weiter einkochen, bis nur noch einige Eßlöffel zurückbleiben. Mit Salz und Pfeffer würzen.

5. Solange der Jus einkocht, die Kartoffeln in Salzwasser weich kochen. Abgießen und kurz ausdampfen lassen. Den Fenchel putzen, waschen, in einen Topf geben und mit leicht gesalzenem Wasser knapp bedecken. Den Fenchel in 8–10 Minuten bei mittlerer Hitze bißfest garen. Den Fenchel herausnehmen, das Fenchelwasser beiseite stellen.

6. Die Petersilie und das Basilikum grob schneiden. Die Kartoffeln schälen und in etwas dickere Scheiben schneiden. Den Fenchel in Streifen schneiden. Beides zusammen mit der Petersilie, dem Basilikum und dem Thymian in eine Schüssel füllen.

7. Für die Vinaigrette den Essig, Salz und Pfeffer verrühren. Das Öl unterschlagen. Über den Salat gießen und gut vermischen. Der Salat darf nicht zu trocken sein. Eventuell ein wenig lauwarmes Fenchelkochwasser dazugeben.

8. Die ausgelösten Langoustinenschwänze wenig salzen und mit Olivenöl zum Braten beträufeln. Eine Pfanne ganz stark erhitzen. Die Langoustinenschwänze darin insgesamt 1 1/2 – 2 Minuten braten, dabei einmal wenden.

9. Den Kartoffel-Fenchel-Salat in tiefen Tellern verteilen. Die Langoustinen darauf anrichten und mit dem Jus beträufeln. Mit den Basilikum- und Fenchelblättchen verzieren und sofort servieren.

Roh Mariniertes

Keine Angst vor Rohem! Denn gerade rohe Produkte entfalten einen köstlichen, reinen und natürlichen Geschmack. Einzige Bedingung: Die Produkte, die Sie für die Gerichte verwenden, müssen von absolut erlesener Qualität und Frische sein, denn diese unverfälschte Zubereitungsart macht es unmöglich, etwaige Mängel zu verbergen. Doch unsere modernen Vertriebswege sind so rasch, daß der Einkauf nicht nur in der Großstadt möglich ist.

Lachs-Carpaccio

Bezeichnend für dieses Gericht ist die außerordentlich einfache Zubereitung. Typisch für viele rohe und naturbelassene Gerichte: durch die schlichte Zubereitung wird der unverfälschte Eigengeschmack besonders deutlich.

	Für 4 Personen:
350 g	*Lachsfilet*
4 Eßl.	*Sojaöl oder ein anderes geschmacksneutrales Öl*
	Salz
	frisch gemahlener weißer Pfeffer
	Zum Garnieren:
10–12	*Sauerampferblätter*
	Arbeitsaufwand:
	etwa 30 Minuten

1. Von dem Lachsfilet vorsichtig die Haut wegschneiden. Darauf achten, daß alle braunen Stellen von der Haut entfernt sind. Die Gräten entfernen. Das geht ganz gut mit einer kleinen Pinzette. Das Filet dann schräg mit einem ganz scharfen, langen und dünnen Messer in sehr feine Scheiben schneiden.

2. Die Lachsscheiben flach und dicht aneinander auf Tellern auslegen. Das Sojaöl darüber träufeln und am besten mit den Fingerspitzen darauf verstreichen. Die Lachsscheiben leicht salzen und pfeffern.

3. Den Sauerampfer in feine Streifen schneiden. Über die Lachsscheiben streuen. Sofort servieren.

Mein Tip:

Dazu schmecken frisches Stangenweißbrot und ein trockener ausgebauter »Muskateller« oder »Traminer« aus Württemberg.
Wenn Sie die Möglichkeit haben, sollten Sie einen wilden Lachs, zum Beispiel aus Schottland, Irland oder Schweden, kaufen. Der Wildlachs ist qualitativ einfach besser als einer aus der Zucht. Er schmeckt kräftiger und hat ein etwas festeres Fleisch.

Rohe Gemüse mit Kräuter-Dip

Das Warmschlagen der Sauce hat den Vorteil, daß man zur Bindung weniger Öl benötigt. Der Dip ist so leichter und bekömmlicher. Außerdem geben die Kräuter mehr von ihrem Aroma an den Dip ab.

Für 4 Personen:	
Für das Gemüse:	
2	*große Möhren*
1	*kleiner Staudensellerie*
je 8	*weiße und grüne Spargelstangen*
2	*kleine Kohlrabi*
Für den Dip:	
je 4–5	*Stengel Kerbel, Estragon und Petersilie*
1/2	*Bund Schnittlauch*
6	*Eigelb*
	Salz
	frisch gemahlener weißer Pfeffer
1	*Prise Currypulver*
100 ml	*trockener Weißwein*
4 Eßl.	*Olivenöl, kalt gepreßt*
4 Eßl.	*Traubenkernöl*
	etwas Zitronensaft
Arbeitsaufwand:	
	etwa 40 Minuten

1. Die Möhren schälen und längs in gleichmäßig dicke Streifen schneiden. Vom Staudensellerie den Strunk abschneiden. Mit einem kleinen Messer die Stielenden anschneiden und mit den Blättern nach unten ziehen, dabei die Fäden herausziehen. Die äußeren Stangen gleich lang schneiden, die Herzen ganz belassen.

2. Die weißen und grünen Spargelstangen sorgfältig schälen und die Enden großzügig abschneiden (bis zu einem Drittel der Stangen). Den Kohlrabi schälen. In etwa 8 cm lange und 2 cm breite Stifte schneiden. Das Gemüse nach Sorten getrennt auf einer Platte anrichten.

3. Die Kräuter waschen, gut trockenschütteln (am besten in einem Küchentuch) und fein schneiden. Zusammen mit den Eigelben, Salz, Pfeffer, dem Curry und dem Weißwein in einen Schlagkessel füllen.

4. Den Kessel über ein heißes Wasserbad setzen und die Sauce mit dem Schneebesen schlagen, bis sie schön cremig ist. Die Masse sollte deutlich zähflüssig am Schneebesen haften bleiben.

5. Die Sauce aus dem Wasserbad nehmen und in kleinen Mengen nach und nach das Öl unterschlagen. So lange mit dem Schneebesen weiterrühren, bis die Sauce nur noch zimmerwarm ist. Den Zitronensaft kurz vor dem Servieren unterrühren und die Sauce eventuell nochmals mit Salz, Pfeffer und Curry nachwürzen. Getrennt zu den Gemüsen reichen.

Mein Tip:

Diese Gemüse können Sie auch gut schon zum Aperitif servieren. Die Gäste stippen ihr Gemüse je nach Geschmack mehr oder weniger in den Dip. Ich trinke hierzu mit großem Vergnügen einen Cocktail, zubereitet mit Tomatensaft, nämlich eine »Bloody Mary«.

Marinierte Jakobsmuscheln

Für das Gelingen dieser Vorspeise ist die Frische der Jakobsmuscheln entscheidend. Die ebenfalls im Handel erhältlichen, bereits ausgelösten und in Beuteln verpackten Muscheln eignen sich hierfür nicht.

Für 4 Personen:	
12	*große Jakobsmuscheln*
	in der Schale
4 Eßl.	*Traubenkernöl*
1	*unbehandelte Limone*
	Salz
	frisch gemahlener weißer Pfeffer
4–5	*Stengel frisches Zitronengras*
	(siehe Tip)
Arbeitsaufwand:	
	etwa 30 Minuten

1. Die Jakobsmuscheln vorsichtig aus den Schalen lösen und vom Bart befreien (siehe auch Seite 12). In einem Durchschlag vorsichtig mit reichlich kaltem Wasser abspülen, damit alle Rückstände von Sand entfernt werden. Die Muscheln abtropfen lassen.

2. Anschließend die Muscheln mit einem sehr scharfen, dünnen Messer quer zur Faser in hauchdünne Scheibchen schneiden und flach nebeneinander auf großen Tellern anrichten.

3. Die Scheiben sorgfältig mit dem Traubenkernöl bestreichen, so daß alle Muscheln gleichmäßig von dem Öl bedeckt sind.

4. Die Schale der Limone mit einer feinen Reibe abreiben und über die Muscheln streichen. Die Scheiben leicht salzen und pfeffern. Die Limone auspressen und den Saft darüber träufeln.

5. Vom Zitronengras die zarten Enden abschneiden und ganz fein schneiden. Über die Muscheln streuen und diese sofort servieren.

Mein Tip:

Zitronengras gibt es frisch in Asiengeschäften oder in gut sortierten Feinkostläden. Falls Sie es in Ihrer Nähe nicht kaufen können, behelfen Sie sich einfach mit feingeschnittenem Estragon oder auch frischem Kerbel.

Rindfleisch-Tatar mit Zwiebel-Confit

Das Tatar muß ganz frisch sein, da es leicht verdirbt. Sie können das Fleisch (zum Beispiel Rindfleisch aus der Oberschale) selbst durch die feine Scheibe des Fleischwolfs drehen. Oder Sie kaufen am selben Tag bereits vom Metzger durchgedrehtes Rindfleisch. Das Tatar aber auf keinen Fall aufbewahren!

Für 4 Personen:	
Für das Tatar:	
1 Eßl.	*eingelegte Kapern*
1	*kleine Gewürzgurke*
1	*Schalotte*
4	*Sardellenfilets*
300 g	*Rindfleisch-Tatar*
2	*Eigelb*
	Salz
	frisch gemahlener schwarzer Pfeffer
	Cayennepfeffer
1	*gestrichener Teel. scharfer Senf*
2 Eßl.	*Olivenöl, kalt gepreßt*
Für das Zwiebel-Confit:	
1	*große rote Zwiebel*
4 Eßl.	*Olivenöl*
20 g	*Butter*
1	*Knoblauchzehe*
1	*Zweig Thymian*
Für die Croûtons:	
1	*französisches Stangenweißbrot (Baguette)*
je 2 Eßl.	*Pflanzenöl und Butter zum Braten*
Arbeitsaufwand:	
	etwa 40 Minuten
Garzeit:	
	etwa 30 Minuten

1. Für das Tatar die Kapern in einem Sieb abtropfen lassen. Zusammen mit der Gewürzgurke fein hacken. Die Schalotte schälen und ebenfalls ganz fein hacken. Die Sardellenfilets kurz unter fließendem kaltem Wasser abspülen. Mit Küchenpapier trockentupfen und ebenfalls ganz fein hacken.

2. In einer Edelstahlschüssel alles mit dem Rindfleisch-Tatar und den Eigelben vermischen. Mit Salz, Pfeffer, Cayennepfeffer, dem Senf und dem Olivenöl kräftig würzen. Das Tatar abgedeckt etwa 40 Minuten im Kühlschrank ziehen lassen.

3. In der Zwischenzeit für das Confit die rote Zwiebel schälen und in gleichmäßig kleine Würfel schneiden.

4. In einer Kasserole mit schwerem Boden bei schwacher Hitze das Olivenöl und die Butter aufschäumen lassen. Die ungeschälte Knoblauchzehe und den Thymianzweig hineinlegen. Kurze Zeit anschwitzen, dann die Zwiebelwürfel darauf geben. Die Zwiebel zugedeckt bei schwacher Hitze etwa 25 Minuten simmern lassen.

5. Den Deckel abnehmen. Den Knoblauch und den Thymian entfernen und das Confit weitere 5 Minuten kochen, bis der Zwiebelsaft verdunstet ist.

6. Für die Croûtons das Baguette in etwa 1 cm dicke Scheiben schneiden. In einer Pfanne das Pflanzenöl mit der Butter aufschäumen lassen. Die Scheiben darin bei schwacher Hitze rasch goldgelb backen. Die Croûtons aus der Pfanne nehmen und auf Küchenpapier setzen, damit das überschüssige Fett abtropfen kann.

7. Das Tatar nochmals gut durchrühren und gegebenenfalls mit Salz, Pfeffer und Cayennepfeffer nachwürzen. Auf die warmen Croûtons flach aufstreichen. Mit einem kleinen Löffel das noch warme Zwiebel-Confit darauf geben und die Croûtons sofort servieren.

Mein Tip:

Eine extravagante Variation: anstelle des Zwiebel-Confits pro Croûton 1 Teelöffel Caviar auf das Tatar geben. Das schmeckt einfach himmlisch! Und ein Glas Champagner dazu macht den Genuß perfekt!

Rettich-Carpaccio mit Ingwer und Koriander

Die Rettichscheiben sollen möglichst dünn geschnitten werden. Sehr gut geht das mit der elektrischen Brotschneidemaschine. Wichtig: vorher alle Brotkrümel gut entfernen!

	Für 4 Personen:
250 g	*weißer Rettich*
	Salz
	frisch gemahlener Pfeffer
8	*Radieschen*
	Für die Marinade:
1	*Stück frischer Ingwer (40–50 g)*
1 Eßl.	*Weißweinessig*
	Salz
	frisch gemahlener Pfeffer
1	*Prise Zucker*
3 Eßl.	*Sojaöl*
	Zum Garnieren:
6–8	*Stengel frischer Koriander*
	Arbeitsaufwand:
	etwa 25 Minuten

1. Den Rettich schälen und mit einem ganz scharfen Messer oder mit der Brotschneidemaschine in hauchdünne Scheibchen schneiden. Große flache Teller gleichmäßig damit auslegen. Die Rettichscheiben leicht salzen und pfeffern.

2. Die Radieschen waschen und putzen. Zuerst in feine Scheibchen, diese dann in feine Streifen (Julienne) schneiden. Die Radieschen über die Rettichscheiben streuen.

3. Für die Marinade den Ingwer schälen und auf einer Gemüsereibe über einer Tasse ganz fein reiben. Den geriebenen Ingwer in ein Sieb füllen und mit einem Löffelrücken gut auspressen, dabei den Saft in der Tasse auffangen.

4. 2 Eßlöffel Ingwersaft mit dem Essig, Salz, Pfeffer und dem Zucker verrühren. Das Öl unterschlagen. Die Marinade gleichmäßig über die Rettichscheiben träufeln und mit den Korianderblättern garnieren. Sofort servieren.

Sylter Austern mit Schalotten-Rotwein-Sauce

Seit einigen Jahren werden auf Sylt wieder Austern gezogen. Sie sind mittlerweile in jedem guten Fischgeschäft erhältlich.

	Für 4 Personen:
2	*Schalotten*
1 Eßl.	*Olivenöl*
1 Eßl.	*Rotweinessig*
400 ml	*einfacher Rotwein*
	aus Bordeaux
24	*Sylter Austern*
	Zum Anrichten:
	gestoßenes Eis (siehe Tip)
	Arbeitsaufwand:
	etwa 20 Minuten
	Garzeit:
	etwa 20 Minuten

1. Die Schalotten schälen und fein würfeln. In einem Sieb unter fließendem kaltem Wasser abspülen und trockentupfen.

2. In einer Sauteuse das Olivenöl erhitzen. Die Schalotten dazugeben und anschwitzen. Mit dem Essig ablöschen und bei starker Hitze vollständig einkochen lassen. Den Rotwein angießen und auf ein Drittel der Menge einkochen lassen. Vom Herd nehmen und abkühlen lassen.

3. Die Austern mit einem Austernmesser öffnen (siehe Seite 12). Falls notwendig, kleine Schalensplitter mit einem feinen Backpinsel entfernen. Die Austern auf Tellern auf dem gestoßenen Eis anrichten. Die Austern möglichst waagerecht legen, damit kein Saft verloren geht.

4. Mit einem Teelöffel je etwas Schalotten-Rotwein-Sauce in die Austern füllen. Den Rest der Sauce separat dazu reichen.

Mein Tip:

Diese sehr rasch und einfach zubereitete Vorspeise habe ich in Bordeaux kennengelernt. Dort serviert man einen frischen und trockenen »Entre-Deux-Mers« dazu.
Gestoßenes Eis können Sie ganz leicht herstellen. Geben Sie Eiswürfel in eine Plastiktüte und legen Sie diese auf die Arbeitsfläche. Dann die Eiswürfel mit einem Hammer zerstoßen.

Roh Mariniertes Kalbsfilet

Frische Steinpilze gibt es nur kurze Zeit im Jahr. Für die übrigen Monate sind rohe Egerlinge und Anis-Champignons oder frische, ganz kurz gebratene Shiitake-Pilze ein idealer Ersatz.

	Für 4 Personen:
500 g	*Kalbsfilet (Mittelstück)*
	Für die Marinade:
200 ml	*trockener Weißwein*
8 Eßl.	*Traubenkernöl*
	Saft von
1	*Zitrone*
	Salz
	frisch gemahlener weißer Pfeffer
1	*Prise Zucker*
	Für die Vinaigrette:
1 Eßl.	*Estragonessig*
	Salz
	frisch gemahlener weißer Pfeffer
2 Eßl.	*Walnußöl*
2 Eßl.	*Traubenkernöl*
8	*kleine feste Steinpilze*
1	*Zweig frischer Estragon*
3–4	*Stengel Petersilie*
	Zum Garnieren:
	einige schwarze Pfefferkörner
	Arbeitsaufwand:
	etwa 30 Minuten
	Marinierzeit:
	12–15 Stunden

1. Das Kalbsfilet sorgfältig mit einem scharfen Messer von allen Sehnen und Häutchen befreien (siehe Seite 13).

2. In einer Schüssel für die Marinade aus dem Weißwein, dem Traubenkernöl, dem Zitronensaft, Salz, Pfeffer und dem Zucker eine Marinade rühren. Das Kalbsfilet hineinlegen. Das Fleisch sollte ganz von der Flüssigkeit bedeckt sein.

3. Das Filet »gart« nun, durch die Säure des Zitronensaftes und des Weins, auf kaltem Wege. Nach etwa 12 Stunden ist das Filet »bleu«, nach etwa 15 Stunden »rosé«. Marinieren Sie es also so lange, wie es Ihrem Geschmack entspricht. Das Fleisch während der »Garzeit« ab und zu wenden.

4. Dann in einer kleinen Schüssel für die Vinaigrette mit einem Schneebesen den Essig mit Salz und Pfeffer verrühren. Das Öl unterschlagen.

5. Die Steinpilze putzen und mit einem feuchten Küchentuch abreiben. Dann in dünne Scheiben schneiden. Den Estragon und die Petersilie waschen und gut trockenschütteln. Die Blättchen von den Stengeln zupfen und in feine Streifen schneiden. Zusammen mit den Steinpilzen in der Vinaigrette wenden.

6. Das Kalbsfilet aus der Marinade nehmen und mit Küchenpapier trockentupfen. Das Filet mit einem scharfen Messer in möglichst dünne Scheiben schneiden und schuppenförmig auf Tellern anrichten. Die Steinpilze mit der Vinaigrette darauf verteilen.

7. Die Pfefferkörner in einem Mörser oder auf einem Brett mit einem breiten schweren Messer grob zerdrücken. Über das Filet streuen und die Vorspeise sofort servieren.

Mein Tip:

Für eine größere Gesellschaft können Sie diese Vorspeise auch sehr dekorativ auf einer großen Platte anrichten. Denn meist fehlt in der Küche die entsprechende Fläche, um mehrere Teller gleichzeitig anzurichten.
Uns schmeckt zu dem Kalbsfilet ein säurereicher trockener »Riesling« aus dem Rheingau oder von der Nahe.

Matjes-Tatar auf Rösti

Für eine schnellere Variante können Sie die Rösti auch durch geröstete Bauernbrot-Croûtons ersetzen.

Für 4 Personen:	
Für das Tatar:	
8	frische Matjesfilets
1	Schalotte
1	Bund Schnittlauch
	Saft von
1/2	Zitrone
	Salz
	frisch gemahlener weißer Pfeffer
Für die Rösti:	
400 g	Kartoffeln
	Salz
	frisch gemahlener weißer Pfeffer
je 2 Eßl.	Pflanzenöl und Butter zum Braten
Zum Garnieren:	
4 Teel.	Crème fraîche
4	schöne Dillzweige
Arbeitsaufwand:	
	etwa 30 Minuten
Ruhezeit:	
	etwa 30 Minuten
Garzeit:	
	etwa 15 Minuten

1. Für das Tatar die Matjesfilets waschen und die Gräten mit einer Pinzette herausziehen (siehe Seite 12). Die Filets mit einem scharfen Messer rasch in kleine Würfel schneiden.

2. Die Schalotte schälen und ganz fein hacken. In ein Sieb geben und kurz unter fließendem kaltem Wasser abspülen. Gut abtropfen lassen. Den Schnittlauch in feine Röllchen schneiden.

3. In einer Schüssel die feingewürfelten Matjes mit der Schalotte, dem Schnittlauch und dem Zitronensaft vermischen. Das Tatar mit wenig Salz und Pfeffer würzen, dann abgedeckt etwa 30 Minuten im Kühlschrank ziehen lassen.

4. Inzwischen für die Rösti die Kartoffeln auf der Rohkostreibe grob auf ein dickes Küchentuch raffeln. Leicht salzen und pfeffern. Das Tuch aufrollen und die Raspeln gut auspressen.

5. Den Backofen auf 180° vorheizen. Vier kleine feuerfeste Portionspfännchen auf der Kochstelle erhitzen und mit dem Pflanzenöl ausstreichen. Die Kartoffelraspeln mit den Fingerspitzen auflockern und in die Pfannen streuen. Mit einem Löffelrücken leicht andrücken und rund formen. An den Pfannenrand je 2 Butterflöckchen setzen. Die Rösti in etwa 12 Minuten im heißen Backofen goldgelb backen.

6. Die Rösti aus den Pfannen nehmen und auf Küchenpapier stürzen, damit überschüssiges Fett abtropfen kann. Das Matjes-Tatar nochmals durchmengen und eventuell nachwürzen, dann auf den heißen Rösti anrichten.

7. Pro Portion 1 Teelöffel Crème fraîche auf das Matjes-Tatar geben und mit 1 Dillzweig garnieren.

Mein Tip:

Wenn Sie keine kleinen Portionspfännchen haben, können Sie die Rösti auch in einer großen Pfanne backen. Dann sollten Sie jedoch darauf achten, daß die einzelnen Küchlein schön rund werden. Oder Sie backen ein großes Rösti und teilen dieses in vier gleich große Tortenstücke.

Rohe Gemüsesuppe

Eine tolle Erfrischung für heiße Sommertage.

Für 4 Personen:	
Für die Suppe:	
500 g	*Fleischtomaten*
1	*große rote Paprikaschote*
1	*Salatgurke*
1	*kleine Zwiebel*
1	*Knoblauchzehe*
	Salz
100 g	*Olivenöl, kalt gepreßt*
2 Eßl.	*Aceto balsamico (Balsamessig)*
	frisch gemahlener weißer Pfeffer
	Cayennepfeffer
	frisch geriebene Muskatnuß
100 g	*Weißbrot vom Vortag*
700 ml	*Mineralwasser ohne Kohlensäure*
Für die Croûtons:	
150 g	*Weißbrot vom Vortag*
4 Eßl.	*Olivenöl*
20 g	*Butter*
2	*Knoblauchzehen*
1	*Zweig Rosmarin*
Zum Servieren:	
8–10	*Eiswürfel*
Arbeitsaufwand:	
	etwa 50 Minuten
Ruhezeit:	
	etwa 2 Stunden

Diese kalt servierte Gemüsesuppe ist an heißen Tagen eine tolle Erfrischung. Das Gemüse läßt sich gut vorbereiten – nur sollten Sie die Suppe nach dem Mixen möglichst bald servieren. Sie ist genau die richtige Vorspeise für eine Garten- oder Grillparty!
Wir servieren im »Hirschen« an heißen Sommertagen auch gerne eine kalte Gurkensuppe, die nach dem gleichen Rezept zubereitet wird. Tomaten und Paprikaschoten werden dafür einfach durch Salatgurken ersetzt. Und zum Auffüllen wird kein Wasser, sondern Buttermilch verwendet. Dann alles ganz gründlich durchmixen. Richtig edel wird diese Suppe, wenn Sie in die gekühlten Teller einige Streifen frischen Lachs geben, bevor Sie mit der Suppe auffüllen.
Eine andere Variante ist eine kalte Paprikasuppe. Dafür sollten Sie die Paprikaschoten allerdings vorher häuten. Legen Sie die Schoten auf ein Backblech und backen Sie sie bei 220° so lange, bis die Haut Blasen wirft und schon fast schwarz wird. Das dauert etwa 25 Minuten. Dann die Schoten mit einem nassen, kalten Tuch abdecken und kurz abkühlen lassen. Die Haut läßt sich nun bei den roten Schoten ganz leicht abziehen. Bei den grünen Paprika ist es etwas mühsamer. Aber es können ruhig auch kleine Schalenreste haften bleiben. Sie müssen die Suppe nur kräftig durchmixen. Die Paprikaschoten nach dem Häuten halbieren und die dicken Rippen und die Kerne entfernen. Das Fleisch grob würfeln und mit den anderen Zutaten durchmixen. Für diese Paprikasuppe benötigen Sie insgesamt 500 g Paprikaschoten und 350 g ganz reife Fleischtomaten. Probieren Sie einmal, wie unterschiedlich sie mit roten oder grünen Paprikaschoten schmeckt.

1. Die Haut der Fleischtomaten kreuzweise leicht einritzen. In kochendes Wasser geben und einmal aufwallen lassen. Herausnehmen und in eiskaltem Wasser abschrecken. Die Tomaten häuten, quer halbieren und die Kerne herausdrükken. Das Fruchtfleisch grob hacken.

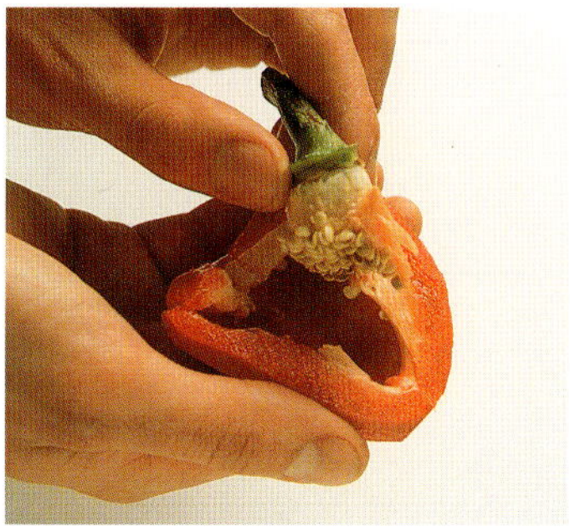

2. Die Paprikaschote mit einem Sparschäler schälen. Wenn die Rippen zu ungleichmäßig und tief sind, die Paprika längs in mehrere Stücke schneiden. Den Blütenansatz und dicke weiße Innenrippen mit den Kernen entfernen. Die Paprika in grobe Stücke schneiden.

3. Die Salatgurke ebenfalls mit dem Sparschäler schälen. Längs halbieren und die Kerne mit einem Teelöffel herausschaben. Die Hälften in gut fingerdicke Scheiben schneiden.

4. Die Zwiebel und die Knoblauchzehe schälen und fein hacken. In einen Mörser füllen und mit 1 kleinen Prise Salz zu einer feinen Paste zerdrücken.

5. Das Gemüse in eine Schüssel füllen. Die Zwiebel-Knoblauchpaste zufügen. Das Öl und den Essig darüber gießen. Mit Salz, Pfeffer, wenig Cayennepfeffer und etwas Muskat würzen. Das Gemüse kurz durchmengen. Zugedeckt etwa 2 Stunden im Kühlschrank ziehen lassen.

6. Das Weißbrot entrinden. Das geht am besten mit einem scharfen Brotmesser. Dann auf der Rohkostreibe fein reiben oder im Mixer fein zerkleinern.

7. Das Gemüse mit dem geriebenen Weißbrot vermischen. Portionsweise im Mixer oder in der Küchenmaschine fein pürieren, dabei immer etwas vom Mineralwasser untermixen. Alles in einer großen Schüssel vermischen und eventuell mit Salz, Pfeffer und Cayennepfeffer nachwürzen.

8. Für die Croûtons das Weißbrot ebenfalls entrinden. Zuerst in etwa 1/2 cm dicke Scheiben, diese dann in gleichmäßige Würfel schneiden.

9. Das Olivenöl mit der Butter erhitzen. Den Knoblauch schälen und mit dem Thymian in die Pfanne geben. Die Brotwürfel hinzufügen und bei mittlerer Hitze goldgelb werden lassen. Die Würfel in ein Sieb geben, damit das Fett abtropfen kann. Den Knoblauch und den Thymian entfernen.

10. Die kalte Gemüsesuppe mit den Eiswürfeln in eine große Schüssel oder ein Bowlengefäß füllen. Die Schale am besten schon etwas mit den Eiswürfeln vorkühlen. Die Croûtons getrennt dazu servieren, so daß sich die Gäste selbst bedienen können.

Thunfisch mit Kapern in Olivenöl

Verwenden Sie sehr reife Fleischtomaten. Je nach Jahreszeit können Sie auch Gärtner- oder Eiertomaten nehmen. Die sind allerdings kleiner und haben mehr Kerne und weniger Fruchtfleisch. Sie brauchen also entsprechend mehr.

Für 4 Personen:	
350 g	*Filet vom frischen weißen Thunfisch*
	Salz
	frisch gemahlener Pfeffer
2	*Fleischtomaten*
	Saft von
1	*Zitrone*
je 1	*Messerspitze gemahlener Muskat und Piment*
8 Eßl.	*feines Olivenöl, kalt gepreßt*
4 Teel.	*feine eingelegte Kapern*
Zum Garnieren:	
3–4	*Stengel Petersilie*
Arbeitsaufwand:	
	etwa 30 Minuten

1. Die Häute und die Sehnen des Thunfisches mit einem sehr scharfen Messer abschneiden. Den Fisch dann vorsichtig (Thunfisch hat sehr weiches Fleisch) in etwa 5 cm lange und 1 1/2 cm breite Streifen schneiden. Diese leicht salzen und pfeffern.

2. Die Fleischtomaten ganz kurz in kochendes Wasser geben, kalt abschrecken und die Haut abziehen. Die Tomaten quer halbieren und die Kerne herausdrücken (siehe Seite 11). Das Fruchtfleisch in kleine Würfel schneiden.

3. Den Zitronensaft mit Salz, Pfeffer, dem Piment und dem Muskat verrühren. Das Öl unterschlagen. Die Kapern und die Tomatenwürfel unter die Marinade rühren.

4. Die Thunfischstreifen am besten portionsweise in der Marinade wenden und gleich auf Tellern anrichten. Mit der übrigen Marinade beträufeln.

5. Die Petersilie waschen und trockenschütteln. Die Blättchen von den Stielen zupfen und die marinierten Thunfischstreifen damit umlegen. Sofort servieren.

Mein Tip:

Falls Sie keinen frischen Thunfisch bekommen oder einfach rohen Fisch nicht mögen, können Sie diese Vorspeise auch mit Thunfisch aus der Dose abwandeln. Nehmen Sie dann in jedem Fall einen »Thunfisch naturell«, der nur in Wasser eingelegt ist. Den Fisch vor dem Verwenden gut in einem Sieb abtropfen lassen und mit einer Gabel in mundgerechte Stücke zerpflücken.
Die Vorspeise bekommt allerdings durch den gegarten Thunfisch einen völlig anderen Charakter.
Zum roh marinierten Thunfisch paßt am besten ein kräftiger Weißwein. Im »Hirschen« empfehlen wir gerne einen »Vernaccia di San Gimignano« oder einen »Malvasia« aus Friaul.

Terrinen, Gelees und Mousses

Pasteten, Terrinen, Gelees und Mousses gehören einfach zum Vorspeisen-Repertoire eines jeden Restaurants, so natürlich auch zu meinem. Einfache, nicht allzu kompliziert zuzubereitende Vertreter dieser Vorspeisen werden hier beschrieben.
Allerdings – ganz ohne etwas Geschick und auch Geduld gelingt's nicht. Der Lohn der Arbeit ist Ihnen dafür ganz gewiß, denn diese Vorspeisen haben ihren Ruf des »Ausgeklügelten« und »Kunstvollen« nie verloren.

Spargelgelee mit Brunnenkressesauce

Eine echte Alternative zum klassischen Spargel mit Vinaigrette. In dem frischen Gelee kommt der Spargelgeschmack sehr gut zur Geltung.

	Für 6–8 Personen:
	Für das Gelee:
je 700 g	*weißer und grüner Spargel*
200 ml	*Mineralwasser*
	Salz
1	*Prise Zucker*
1	*Bund Kerbel*
6	*Blatt weiße Gelatine*
	Für die Sauce:
2	*Bund Brunnenkresse*
	Salz
100 g	*Sahne*
100 g	*Crème fraîche*
	frisch gemahlener weißer Pfeffer
	frisch geriebene Muskatnuß
	Saft von
1	*Zitrone*
	Arbeitszeit:
	etwa 50 Minuten
	Garzeit:
	etwa 35 Minuten
	Kühlzeit:
	etwa 6 Stunden

1. Für das Gelee die Spargelstangen waschen und schälen, die Enden dabei großzügig abschneiden. Die Spargelschalen mit dem Mineralwasser in einen Topf füllen, zum Kochen bringen und etwa 20 Minuten bei mittlerer Hitze köcheln lassen. Die Schalen dann wegwerfen, die Spargelbrühe aufbewahren.

2. Die Spargelstangen nebeneinander in einen flachen Bräter schichten. Den Spargelfond mit Salz und dem Zucker mischen und darüber gießen. Den Spargel zugedeckt bei schwacher Hitze in 12–14 Minuten garen.

3. Die Spargelstangen dann aus dem Fond heben und je nach Länge halbieren oder dritteln. Die Kerbelblättchen von den Stielen zupfen und mit dem Spargel mischen. Den Spargel in eine flache Glasform füllen.

4. Die Gelatine in kaltem Wasser etwa 10 Minuten einweichen. Dann in dem verbliebenen Spargelfond gründlich auflösen. Den Fond über die Spargelstangen gießen und das Gelee im Kühlschrank etwa 6 Stunden ruhen lassen.

5. Für die Sauce von der Brunnenkresse einige schöne Blättchen zum Garnieren beiseite legen. Die restliche Kresse dann in kochendem Salzwasser kurz blanchieren, anschließend sofort eiskalt abschrecken. Die Brunnenkresse im Mixer oder mit dem Pürierstab ganz fein pürieren.

6. Das Püree in eine Schüssel geben und mit der Sahne und der Crème fraîche glattrühren, dann durch ein feines Sieb streichen. Die Sauce mit Salz, Pfeffer und Muskat würzen. Den Zitronensaft kurz vor dem Servieren unterrühren, nicht früher, sonst bleibt die Sauce nicht schön grün.

7. Das Gelee am besten in der Glasform servieren. Mit der übrigen Brunnenkresse garnieren und die Sauce getrennt dazu servieren.

Mein Tip:

Durch das Blanchieren verliert die Brunnenkresse den leicht scharfen Geschmack. Außerdem bleibt dadurch die schöne grüne Farbe erhalten. Frische pürierte Kresse verfärbt sich leicht bräunlich-grau.
Das Gelee läßt sich gut vorbereiten. Dazu schmeckt frisches Weißbrot oder auch warme neue Kartoffeln. Ein trockener »Silvaner-Kabinett« aus Franken paßt gut dazu.

Kalbsleber-Parfait

Damit das Parfait eine schöne Konsistenz bekommt, sollten Sie einige Dinge beachten: Die Leber nicht zu lange mixen; das Püree kann leicht zu warm werden und das Eiweiß ausflocken. Lieber in kleinen Portionen und nur in Sekunden-Intervallen mixen. Leber und Butter sollten die gleiche Temperatur haben, bevor beides miteinander verrührt wird. Sonst kann es passieren, daß die Creme gerinnt.

Für 8–10 Personen:	
200 g	*zimmerwarme Butter*
500 g	*Kalbsleber*
2	*Schalotten*
1	*Knoblauchzehe*
4	*schöne Thymianzweige*
2	*Nelken*
1/8	*Lorbeerblatt*
5	*Wacholderbeeren*
5	*Pimentkörner*
10	*Pfefferkörner*
100 ml	*Madeira*
100 ml	*Portwein*
200 ml	*Fleischextrakt (Glace de viande, siehe Seite 8)*
	Salz
	frisch gemahlener weißer Pfeffer
	frisch geriebene Muskatnuß
100 g	*Sahne*
200 g	*hauchdünn geschnittene, große Scheiben frischer Rückenspeck*
Arbeitsaufwand:	
	etwa 50 Minuten
Garzeit:	
	etwa 2 Stunden
Kühlzeit:	
	mindestens 12 Stunden

1. Die Butter mit einem Schneebesen oder mit dem elektrischen Handrührgerät schaumig schlagen. Die Kalbsleber in Würfel schneiden und portionsweise im elektrischen Zerkleinerer fein pürieren.

2. Die Schalotten und den Knoblauch schälen und fein hacken. Zusammen mit 2 Zweigen Thymian, den Gewürzen, dem Madeira und dem Portwein in eine Sauteuse geben. Alles erhitzen und bei mittlerer Hitze einkochen lassen, bis nahezu sämtliche Flüssigkeit verdampft ist. Den Fleischextrakt hinzufügen und alles noch einmal zur Hälfte einkochen lassen.

3. In der Zwischenzeit die Kalbsleber durch ein Haarsieb streichen. Dann mit einem Schneebesen nach und nach unter die Butter rühren. Die Masse mit Salz, Pfeffer und wenig Muskat würzen.

4. Den eingekochten Fleischextrakt durch ein feines Sieb passieren, dabei mit einem Löffelrücken die Gewürze gründlich auspressen. Den Extrakt etwas abkühlen lassen, dann unter die Leber-Buttermischung rühren.

5. Die Sahne sehr steif schlagen und vorsichtig mit einem Schneebesen unter die Lebermasse heben.

6. Den Backofen auf 140° vorheizen. Die Fettpfanne des Ofens mit Wasser füllen und hineinschieben.

7. Eine gußeiserne Terrinenform von etwa 1 1/4 l Inhalt so mit den Speckscheiben auslegen, daß Sie sie später über der Masse zusammenschlagen können. Die Lebermasse gleichmäßig einfüllen. Die Form mehrmals fest auf die Arbeitsfläche stellen, damit keine Zwischenräume im Parfait entstehen. Die Speckscheiben über die Lebermasse klappen und das Parfait mit 1 Speckscheibe abdecken. Die Thymianzweige obenauf legen.

8. Die Terrinenform ins heiße Wasserbad stellen. Das Parfait darin im Backofen in 1 1/4 – 1 1/2 Stunden gar ziehen lassen. Das Wasser darf nicht kochen. Die Form herausnehmen und das Parfait abkühlen lassen. Dann über Nacht im Kühlschrank ruhen lassen.

9. Das Parfait kurz vor dem Servieren stürzen und mit einem in heißes Wasser getauchten Messer in Scheiben aufschneiden.

Mein Tip:

Eine kleine Garnitur aus Zuckerschotensalat mit Kerbel und Champignonscheiben rundet das Kalbsleber-Parfait ab. Dazu können Sie einen »Traminer« oder einen »Tokay d'Alsace« servieren. Zum Schneiden des Parfaits benutzen Sie am besten ein langes Messer, das Sie vor jedem Schnitt in ganz heißes Wasser tauchen. Oder Sie verwenden ein Elektromesser. Falls doch einmal etwas schief gehen sollte und sich das Parfait nicht ordentlich schneiden läßt: einen großen Eßlöffel in heißes Wasser tauchen und das Parfait in großen Nocken abstechen. Gleich portionsweise auf Tellern anrichten.
Ob ein Parfait fertig gegart ist, können Sie am besten so feststellen: Stechen Sie mit einer langen Nadel in die Mitte des Parfaits und lassen Sie sie einige Momente stecken. Nach dem Herausziehen an einer empfindlichen Stelle, zum Beispiel an der Lippe, prüfen, ob die Nadel warm ist. Wenn ja, ist das Parfait fertig. Ist die Nadel noch kalt, müssen Sie noch einige Minuten Garzeit anhängen.

Crostini

Diese knusprigen Brötchen gibt es in der Toskana traditionell zum Aperitif. Je nach Laune, Appetit und Gästezahl können Sie eine oder alle drei Aufstrichvarianten anbieten. Jedes Rezept reicht für jeweils 6–8 Personen.

Für 6–8 Personen:	
Für die Olivencreme:	
100 g	*schwarze Oliven (entsteint)*
4	*Sardellenfilets*
1 Eßl.	*Kapern*
1	*Knoblauchzehe*
1/16 l	*Olivenöl, kalt gepreßt*
	Salz
	frisch gemahlener Pfeffer
Für die Lebercreme:	
200 g	*Geflügellebern*
1	*Schalotte*
75 g	*Butter*
2 Eßl.	*Weinbrand*
	Salz
	frisch gemahlener Pfeffer
	einige kleine Petersilienblättchen zum Garnieren
Für die Thunfischcreme:	
1	*kleine Dose eingelegter Thunfisch (etwa 150 g)*
2 Eßl.	*Olivenöl, kalt gepreßt*
2 Eßl.	*Crème fraîche*
2–3 Teel.	*Zitronensaft*
	Salz
	frisch gemahlener Pfeffer
1 Eßl.	*ganz feine Kapern zum Garnieren*
Für die Crostini:	
400 g	*italienisches Weißbrot oder*
1	*Stangenweißbrot*
	(reicht für alle Cremes)
	nach Belieben
2–3	*Knoblauchzehen*
Arbeitsaufwand:	
	für jede Creme jeweils
	etwa 20 Minuten

1. Für die Olivencreme die Oliven und die Sardellenfilets grob hacken. Die Kapern untermischen. Die Knoblauchzehe ebenfalls dazugeben. Alles im Mixer oder mit dem Pürierstab ganz fein pürieren. Das Öl dabei ganz langsam dazufließen lassen. Die Creme mit Salz und Pfeffer kräftig abschmecken.

2. Für die Lebercreme die Geflügellebern sorgfältig putzen (siehe Seite 13). Die Schalotte schälen und ganz fein hacken. Etwa 25 g Butter erhitzen. Die Lebern darin in 4–5 Minuten rundum kräftig anbraten. Aus der Pfanne nehmen und beiseite stellen.

3. Im verbliebenen Bratfett die Schalotte unter ständigem Rühren bei mittlerer Hitze weich dünsten. Die Schalotte mit den abgekühlten Geflügellebern in den Mixer oder elektrischen Zerkleinerer geben und fein pürieren. Die restliche kalte Butter daruntermixen. Die Lebercreme mit dem Weinbrand, Salz und frisch gemahlenem Pfeffer gut würzen. Die Creme kalt stellen.

4. Für die Thunfischcreme den Thunfisch in einem Sieb abtropfen lassen. Dann mit dem Olivenöl im Mixer oder mit dem Pürierstab ganz fein zerkleinern. Die Crème fraîche untermischen. Die Creme mit dem Zitronensaft, Salz und Pfeffer abschmecken.

5. Zum Servieren das Weißbrot in fingerdicke Scheiben schneiden und entweder im Backofen auf dem Blech oder im Toaster goldgelb rösten. Die gerösteten Scheiben nach Belieben mit den halbierten Knoblauchzehen einreiben. Jeweils mit Creme bestreichen. Lebercrostini mit Petersilienblättchen und Thunfisch-Crostini mit Kapern garnieren. Möglichst rasch servieren, da das Brot sonst durchweicht.

Mein Tip:

Servieren Sie zu den Crostini ein Glas Champagner, Prosecco oder Sekt.

Gemüseterrine mit roher Tomatensauce

Gemüsegenuß pur – lediglich für die Farce wird ein wenig Kalbfleisch verwendet.

Für 12 Personen:	
1	*Terrinenform von 28 cm Länge,*
	8 cm Breite, 6 cm Höhe
Für die Terrine:	
300 g	*Möhren*
400 g	*Sellerie*
400 g	*Kohlrabi (alles Gemüse geputzt*
	gewogen)
	Salz
1	*große Lauchstange*
200 g	*mageres Kalbfleisch*
	(zum Beispiel Oberschale)
300 g	*Crème double*
1	*Ei*
	frisch gemahlener weißer Pfeffer
	frisch geriebene Muskatnuß
Für die Sauce:	
6	*reife Fleischtomaten*
	Salz
	frisch gemahlener weißer Pfeffer
1	*gute Prise Zucker*
2 Eßl.	*Olivenöl, kalt gepreßt*
	Saft von
1	*Zitrone*
Zum Garnieren:	
	einige Kerbelblättchen
Arbeitsaufwand:	
	etwa 1 Stunde
Garzeit:	
	etwa 1 Stunde
Ruhezeit:	
	mindestens 12 Stunden

1. Für die Terrine die Möhren schälen und je nach Größe ganz lassen oder einmal längs halbieren. Den Sellerie und den Kohlrabi ebenfalls schälen, dann in 1 cm dicke Scheiben, diese dann in lange Streifen schneiden.

2. Das Gemüse in kochendem Salzwasser nacheinander 2–3 Minuten kochen, so daß es noch schön knackig ist. Sofort in Eiswasser abschrecken und zum Abtropfen auf Küchenpapier legen.

3. Die Lauchstange waschen und längs so weit halbieren, daß sie am Strunk noch zusammenhält. Den Lauch für etwa 1 Minute ebenfalls in kochendes Salzwasser geben. In Eiswasser abschrecken und abtropfen lassen. Anschließend den Strunk abschneiden, die einzelnen Blätter auseinander lösen und auf einem Küchentuch ausbreiten, damit sie trocknen können.

4. Das Kalbfleisch in etwa 2 cm große Würfel schneiden. Das Fleisch durch die feine Scheibe des Fleischwolfes drehen oder im Mixer ganz fein pürieren und in eine Schüssel füllen. Eine größere Schüssel mit zerstoßenen Eiswürfeln füllen. Die Schüssel mit dem Fleisch in das Eis stellen.

5. Nach und nach die Crème double unter das Fleisch rühren. Das Ei ebenfalls unterrühren. Die Farce mit Salz, Pfeffer und Muskat kräftig würzen. Anschließend durch ein feines Sieb streichen. Die Farce bis zur Verwendung abgedeckt in den Kühlschrank stellen.

6. Den Backofen auf 150° vorheizen. Die Terrinenform mit den Lauchstreifen auslegen. Die Blätter sollen dabei am Rand überstehen. Etwas Farce einfüllen und glattstreichen. Darauf dicht nebeneinander die Kohlrabistreifen legen. Wieder Farce darüber streichen. Nun die Möhren einschichten und mit Farce bedecken. Dann die Selleriestreifen einlegen. Mit einer Schicht Farce abschließen.

7. Die Lauchstreifen über die Füllung klappen und die Terrine verschließen. Die Form in einen großen Bräter stellen. Kochendes Wasser angießen. Die Terrine in den vorgeheizten Backofen (unten) schieben und in etwa 45 Minuten gar ziehen lassen.

8. Die Terrine aus dem Ofen nehmen und abkühlen lassen. Dann über Nacht im Kühlschrank ruhen lassen.

9. Am nächsten Tag für die Sauce die Tomaten einritzen (siehe Seite 11), kurz in kochendes Wasser geben, abschrecken und die Haut abziehen. Die Tomaten im Mixer oder mit dem Pürierstab ganz fein pürieren.

10. Das Püree anschließend durch ein feines Sieb streichen, damit die Kernchen zurückbleiben. Nochmals in den Mixer füllen und gut durchmixen, dabei die Gewürze hinzufügen. Das Olivenöl dazufließen lassen und gut untermixen. Die Sauce mit Zitronensaft abschmecken.

11. Kurz vor dem Servieren die Terrine aus der Form stürzen. Mit einem in heißes Wasser getauchten Messer oder einem Elektromesser in Scheiben schneiden. Auf Tellern anrichten und ein wenig Sauce angießen. Mit Kerbelblättchen garnieren und sofort servieren. Die übrige Tomatensauce getrennt dazu reichen.

Warme Geflügelleber-Mousse mit Portweinsauce

Diese Vorspeise servieren Sie am besten als letzten Gang vor dem Hauptgericht, das durchaus auch Geflügel, zum Beispiel Taube oder Perlhuhn, sein kann.

	Für 6–8 Personen:
6–8	*Timbale-Förmchen*
	von 8 cm Ø, 4 cm Höhe
	Für die Mousse:
1	*Schalotte (etwa 30 g)*
50 ml	*Portwein*
50 ml	*Madeira*
1	*Knoblauchzehe*
1	*Zweig Thymian*
1	*Zweig Rosmarin*
3 Eßl.	*Fleischextrakt (Glace de viande,*
	siehe Seite 8)
	Salz
100 g	*Rindermark*
250 g	*Geflügellebern*
4	*Eigelb*
1	*Ei*
1/4 l	*Milch*
	frisch gemahlener weißer Pfeffer
	Für die Förmchen:
	Butter
	Für die Sauce:
1	*Schalotte*
100 ml	*Portwein*
50 ml	*Rotwein*
6 Eßl.	*Fleischextrakt (Glace de viande,*
	siehe Seite 8)
200 g	*Sahne*
2 Eßl.	*kalte Butter*
	Salz
	frisch gemahlener weißer Pfeffer
	Arbeitsaufwand:
	etwa 40 Minuten
	Garzeit:
	etwa 45 Minuten

1. Für die Mousse die Schalotte schälen und fein würfeln. Dann mit dem Portwein, dem Madeira, dem geschälten Knoblauch, dem Thymian und dem Rosmarin in einen Topf geben und bei starker Hitze einkochen lassen, bis noch etwa ein Drittel der Flüssigkeit übrig ist. Den Fleischextrakt hinzufügen und alles noch einmal etwas einkochen lassen. Diese Reduktion dann durch ein Sieb gießen.

2. Etwa 1 l Salzwasser zum Kochen bringen. Das Rindermark darin etwa 1 Minute blanchieren, dann sofort in ein feines Sieb abschütten.

3. Die Geflügellebern eventuell putzen (siehe Seite 13), dann mit dem noch warmen Rindermark durch das feine Sieb streichen.

4. Den Backofen auf 150° vorheizen. Das Lebermark-Püree in eine Schüssel geben und mit einem Schneebesen gründlich durchschlagen. Nach und nach die Eigelbe, das Ei und die Milch unterschlagen. Zum Schluß die noch warme Reduktion untermischen. Die Masse mit Salz und Pfeffer würzen.

5. Die Förmchen mit Butter ausstreichen. Die Masse hineinfüllen. Die Förmchen in einen Bräter stellen. Kochendes Wasser angießen, den Bräter mit Alufolie abdecken und in den heißen Backofen (unten) stellen. Die Mousse 35–40 Minuten garen, bis die Masse fest ist.

6. Inzwischen für die Sauce die Schalotte schälen und fein würfeln. Dann mit dem Portwein und dem Rotwein in einen Topf geben und bei starker Hitze einkochen lassen, bis die Flüssigkeit fast verdampft ist. Den Fleischextrakt dazugeben und erneut einkochen lassen. Die Sahne untermischen. Die Sauce unter Rühren erwärmen, aber nicht mehr kochen lassen.

7. Die Sauce durch ein feines Sieb passieren und wieder in den Topf füllen. Die Butter in kleine Stückchen schneiden und mit dem Schneebesen unterschlagen.

8. Die Förmchen aus dem Ofen nehmen. Die Mousse vorsichtig in vorgewärmte Suppenteller stürzen. Die Sauce eventuell nochmals erwärmen, mit Salz und Pfeffer würzen und um die Mousse gießen. Sofort servieren.

Mein Tip:

Zu dieser Mousse paßt anstelle der Sauce auch cremig gekochter Kohlrabi. Oder auch grüner oder weißer Spargel.
Als Getränk empfehle ich einen »Tokay d'Alsace« oder einen fruchtigen »Grauburgunder« aus Baden.

Wildschwein-Terrine mit grünem Pfeffer

Nehmen Sie in Salz eingelegte grüne Pfefferkörner, sie haben am meisten Eigengeschmack.

	Für 18–20 Portionen:
1	*Terrinenform von 1 1/4 l Inhalt*
	Für die Marinade:
100 ml	*Madeira*
100 ml	*Portwein*
200 ml	*Rotwein*
2 Eßl.	*Olivenöl*
2 Eßl.	*frisch abgezupfte Majoranblättchen*
20	*Pfefferkörner*
3	*Nelken*
10	*Wacholderbeeren*
1/2	*Lorbeerblatt*
1/2	*Knoblauchzehe*
10	*Pimentkörner*
	Für die Farce:
650 g	*Wildschweinbug*
150 g	*fettes Schweinefleisch (Bauch)*
100 g	*Kalbfleisch (Schulter)*
80 g	*Kalbsleber*
3	*Eiswürfel*
200 g	*Sahne*
	Salz
	frisch gemahlener weißer Pfeffer
je 1	*Prise Piment und Kardamom*
3 Eßl.	*grüne Pfefferkörner*
	Für die Einlage:
250 g	*Wildschweinrücken*
	Salz
	frisch gemahlener weißer Pfeffer
2–3 Eßl.	*Pflanzenöl zum Braten*
150 g	*Pfifferlinge*
80 g	*Walnußkerne*
80 g	*Rückenspeck*
	Zum Auslegen der Terrine:
8–10	*möglichst große, dünne Scheiben Rückenspeck*
	Arbeitsaufwand:
	etwa 1 1/2 Stunden
	Marinierzeit:
	etwa 6 Stunden
	Garzeit:
	etwa 1 Stunde 40 Minuten
	Ruhezeit:
	mindestens 6 Stunden

Mit einer selbstgemachten Terrine können Sie vor Ihren Gästen oder Ihrer Familie immer glänzen. Gerade für ein größeres Festessen ist eine Terrine eine ideale Vorspeise, denn sie läßt sich nicht nur vorbereiten, sondern sie muß sogar einen Tag vorher zubereitet werden. Denn nur nach einer gewissen Ruhezeit läßt sie sich schön in Scheiben schneiden. Allerdings brauchen Sie für die Herstellung unbedingt eine Küchenmaschine mit einem Messereinsatz, in der Sie das Fleisch auch richtig zerkleinern können. Leihen Sie sich vielleicht eine bei Freunden aus. Zur Not geht es auch, wenn Sie die Zutaten zweimal durch die feine Scheibe des Fleischwolfs drehen. Die Konsistenz wird bei dieser Zubereitung nicht so fein, wie wenn das Fleisch richtig durchgemixt wird. Auch bei dieser Methode müssen Sie die Farce ebenfalls zwischendurch immer wieder kalt stellen.

Statt einer speziellen Terrinenform können Sie auch eine kleine Kastenform verwenden, die Sie normalerweise zum Kuchenbacken nehmen. Legen Sie die Form vorher großzügig mit Alufolie aus. Nach dem Einfüllen der Farce können Sie die Folie dann fest über den Speckscheiben zusammenkniffen und alles gut verschließen, denn es fehlt ja der Formendeckel.

Falls Sie öfters etwas im Wasserbad im Backofen zubereiten, lohnt sich die Anschaffung eines speziellen Thermometers. Legen Sie das Thermometer während des ganzen Garprozesses in das Wasserbad. So können Sie die Temperatur genau überprüfen. Höher als 90° sollte sie auf keinen Fall steigen, da dann zuviel Fett und Flüssigkeit aus der Farce austreten können und die Terrine dadurch eine leicht bröselige Konsistenz bekommt.

1. In einer großen Schüssel alle Zutaten für die Marinade vermischen. Das Wildschwein-, das Schweine- und das Kalbfleisch für die Farce in kleine Würfel schneiden und in die Marinade legen. Das Fleisch zugedeckt im Kühlschrank etwa 6 Stunden marinieren lassen.

2. Das marinierte Fleisch durch ein Sieb abschütten, dabei die Marinade in einer Schüssel auffangen. Das Fleisch abdecken und wieder kalt stellen, damit es nicht zu warm wird.

3. Nun die Fleischwürfel portionsweise aus dem Kühlschrank nehmen und jeweils mit Küchenpapier abreiben. Die Würfel mit der Kalbsleber im Mixer oder in der Küchenmaschine fein pürieren. Dabei insgesamt 3 Eiswürfel mitmixen. Dies kühlt die Farce und bewirkt eine bessere Bindung.

4. Die einzelnen Portionen in einer Schüssel mischen und die Sahne gründlich unterrühren. Die Farce kräftig abschmecken. Bitte bedenken Sie dabei, daß alle Speisen, die nach dem Garen kalt serviert werden, stärker gewürzt werden sollten. Die Farce abdecken und kalt stellen.

5. Für die Einlage den Wildschweinrücken in exakte, 1 1/2 cm große Würfel schneiden. Salzen und pfeffern. In einer Pfanne etwas Öl bei starker Hitze erhitzen. Die Würfel darin rasch kräftig anbraten, sofort wieder aus der Pfanne nehmen und ebenfalls kalt stellen.

6. Den Bratfond mit der Marinade ablöschen. Die Flüssigkeit durch ein feines Sieb gießen und in einem Topf bei starker Hitze so lange einkochen lassen, bis sie dickflüssig wird. Die Pfifferlinge putzen, ebenfalls in etwas Pflanzenöl braten und kühl stellen. Die Walnüsse grob hacken.

7. Den Rückenspeck in feine Würfel schneiden. Die Wildschweinwürfel, die Pfifferlinge, die Walnüsse und die Speckwürfel unter die Farce mischen. Dabei auch die eingekochte Marinade unterrühren. Die Farce eventuell nochmals nachwürzen.

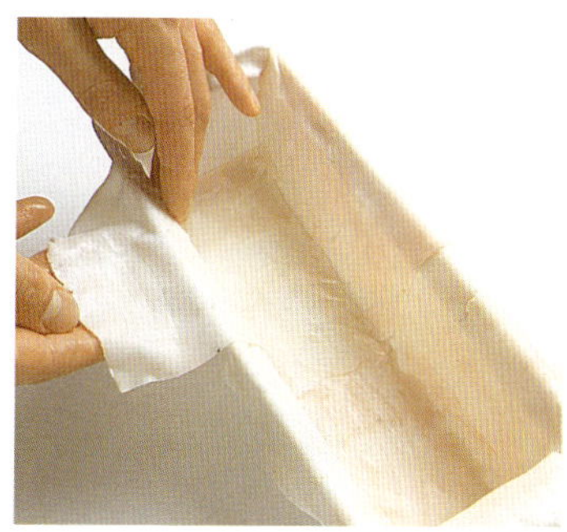

8. Eine Terrinenform von etwa 1 1/4 l Inhalt mit Speckscheiben auskleiden. Die Farce einfüllen und mit einem nassen Eßlöffel leicht festpressen, damit keine Zwischenräume entstehen. Die Form auch mehrmals fest auf die Arbeitsfläche stellen, damit sich die Farce setzt.

9. Die Speckscheiben über der Farce zusammenschlagen und mit 1 Scheibe abdecken. Die Form fest verschließen. Den Backofen auf 140° vorheizen. Die Fettpfanne mit Wasser füllen und in den Backofen (unten) schieben. Die Terrine hineinstellen und etwa 1 Stunde 40 Minuten ziehen lassen.

10. Die Terrine abkühlen lassen. Anschließend für mindestens 6 Stunden im Kühlschrank ruhen lassen. Die Terrine aus der Form stürzen und zum Servieren in etwa 1 1/2 cm dicke Scheiben schneiden. Am besten geht das mit einem Elektromesser.

Tomatengelee mit Quarktimbale

Das Wichtigste bei dieser Vorspeise: sie muß gut gekühlt serviert werden, denn in der Wärme schmilzt das Gelee sehr schnell.

	Für 8 Personen:
8	*Timbale-Förmchen*
	von 8 cm Ø, 4 cm Höhe
	Für das Gelee:
10	*große, reife Fleischtomaten*
	(800 g – 1 kg)
250 g	*ausgelöster Kalbskopf*
	(vom Metzger vorbereiten
	lassen, eventuell vorbestellen)
je 100 g	*Lauch, Staudensellerie und*
	Möhren (geputzt gewogen)
1	*Knoblauchzehe*
10	*Pfefferkörner*
3	*Pimentkörner*
1/2	*Lorbeerblatt*
2	*Eiweiß*
300 ml	*Geflügelbrühe (siehe Seite 9)*
1	*Bund Basilikum*
	Salz
	frisch gemahlener Pfeffer
1	*Prise Zucker*
	Für die Einlage:
2	*Fleischtomaten*
	Für die Timbale:
250 g	*Sahnequark*
	Zum Garnieren:
	etwas grob gestoßener
	schwarzer Pfeffer
	Arbeitsaufwand:
	etwa 50 Minuten
	Garzeit:
	etwa 1 1/2 Stunden
	Kühlzeit:
	etwa 3 Stunden

1. Für das Gelee die Fleischtomaten waschen und in Achtel teilen. Den Kalbskopf grob würfeln. Das Fleisch durch die grobe Scheibe des Fleischwolfs drehen oder im Mixer grob zerkleinern.

2. Das Gemüse putzen, waschen und in etwa 1 cm große Würfel schneiden. Das Gemüse mit den Tomaten, dem Kalbskopf, der geschälten Knoblauchzehe, den Pfefferkörnern, den Pimentkörnern und dem Lorbeerblatt in einen Topf füllen. Die Eiweiße hinzufügen und alles mit den Händen kräftig durchmischen.

3. Die Geflügelbrühe angießen. Vom Basilikum einige schöne Blätter zum Garnieren beiseite legen, das restliche Basilikum ebenfalls in den Topf geben.

4. Die Mischung bei schwacher Hitze langsam zum Kochen bringen. Alles einmal kurz aufkochen lassen, dann vom Herd ziehen und etwa 1 Stunde ziehen lassen.

5. Anschließend ein Sieb mit einem Mulltuch auslegen. Die Masse hindurchgießen. Die Brühe mit Salz, Pfeffer und dem Zucker kräftig würzen, dann beiseite stellen.

6. Für die Einlage die Tomaten kreuzweise einritzen, dann kurz in kochendes Wasser geben. Die Tomaten kalt abschrecken und die Haut abziehen. Die Tomaten quer halbieren, die Kerne herausdrücken und das Fruchtfleisch in etwa 2 cm große Würfel schneiden.

7. Tiefe Teller mit den Tomatenwürfeln und den beiseite gelegten Basilikumblättern auslegen. Von der Tomatenbrühe 1/8 l abmessen und beiseite stellen. Die restliche Brühe auf die vier Teller verteilen und zum Festwerden etwa 2 Stunden in den Kühlschrank stellen.

8. Den Quark mit der übrigen Tomatenbrühe gründlich verrühren. Die Timbale-Förmchen mit kaltem Wasser ausspülen. Die Quarkmasse einfüllen und ebenfalls etwa 2 Stunden zum Festwerden in den Kühlschrank stellen.

9. Kurz vor dem Servieren die Teller aus dem Kühlschrank nehmen. Die Timbale-Förmchen kurz unter fließendes heißes Wasser halten und die Quarkmasse mit einem kleinen Messer rundherum vom Rand der Förmchen lösen. Die Timbale auf das Tomatengelee stürzen. Mit dem grob zerstoßenen Pfeffer garniert servieren.

Fasanen-Mousse

Eine schöne Vorspeise, die vom Kontrast lebt: locker und zart in der Konsistenz, dafür sehr kräftig im Geschmack.

	Für 4 Personen:
4	*Fasanenkeulen*
	Salz
	frisch gemahlener weißer Pfeffer
je 40 g	*Stangensellerie, Möhre und*
	Knollensellerie (alles geputzt
	gewogen)
1	*Schalotte*
2 Eßl.	*Pflanzenöl*
100 ml	*Madeira*
100 ml	*Portwein*
1/4 l	*Geflügelbrühe (siehe Seite 9)*
10	*Pfefferkörner*
4	*Pimentkörner*
2	*Nelken*
4	*Wacholderbeeren*
1/2	*Lorbeerblatt*
6	*beliebige Geflügellebern*
	(etwa 250 g)
120 g	*Butter*
50 ml	*Cognac*
250 g	*Sahne*
	Arbeitsaufwand:
	etwa 50 Minuten
	Garzeit:
	etwa 1 1/2 Stunden
	Ruhezeit:
	etwa 6 Stunden

1. Die Fasanenkeulen rundum salzen und pfeffern. Das Gemüse putzen, schälen und in kleine Würfel schneiden. Die Schalotte schälen und fein hacken. Den Backofen auf 150° vorheizen.

2. Das Pflanzenöl in einem Bräter erhitzen. Die Fasanenkeulen darin rundum kräftig anbraten. Die Gemüse- und die Schalottenwürfel hinzufügen und alles weiterbraten, bis eine schöne hellbraune Farbe entstanden ist.

3. Mit dem Portwein und dem Madeira ablöschen. Die Fasanenkeulen wenden und mit der Sauce überziehen. Die Geflügelbrühe dazugießen und die Gewürze dazugeben. Den Bräter abdecken, in den vorgeheizten Backofen schieben und die Fasanenkeulen etwa 50 Minuten schmoren lassen.

4. Dann die Geflügellebern dazugeben und etwa 10 Minuten mitschmoren. Den Bräter aus dem Ofen nehmen. Die Keulen und die Lebern herausnehmen und auf einen Teller legen.

5. Den Fond durch ein feines Sieb in einen kleinen Topf gießen, dann bei mittlerer Hitze einkochen, bis er eine dickflüssige Konsistenz hat. Es sollten noch 6–7 Eßlöffel Flüssigkeit übrigbleiben.

6. Das Fasanenfleisch von den Knochen lösen. Zusammen mit den Geflügellebern im Mixer oder in der Küchenmaschine ganz fein pürieren. Die Butter stückchenweise daruntermixen. Diese Fleischmousse durch ein feines Haarsieb streichen.

7. Die Fasanenmasse mit Salz, Pfeffer und dem Cognac würzen. Die Sahne sehr steif schlagen und zusammen mit dem eingekochten Fond unter die Fleischfarce mischen.

8. Die Mousse in eine Schüssel füllen, gut abdecken und etwa 6 Stunden im Kühlschrank ruhen lassen.

9. Zum Servieren mit einem heißen Eßlöffel Nocken von der Masse abstechen und auf Tellern anrichten. Dazu frisch getoastetes Weißbrot und nach Belieben einen kleinen Salat servieren.

Mein Tip:

Uns schmeckt dazu gut ein Feldsalat mit Walnüssen und gebratenen Apfelspalten. Und dazu gibt es dann ein Glas deutsche Auslese oder einen »Sauternes«.

Kohlrabi-Flan mit Austernpilzen

Diese Vorspeise können Sie gut vor gebratenem Fleisch servieren. Sie brauchen dazu dann kein Gemüse mehr reichen.

Für 4 Personen:	
4	*Souffléförmchen*
	von 4–5 cm Ø, 6 cm Höhe
Für den Flan:	
300 g	*Kohlrabi (geputzt gewogen)*
40 g	*Butter*
	Salz
	frisch gemahlener weißer Pfeffer
	frisch geriebene Muskatnuß
1/4 l	*Milch*
3	*Eier*
Für die Pilze:	
250 g	*Austernpilze*
1	*Schalotte*
2 Eßl.	*Butter*
	Salz
	frisch gemahlener weißer Pfeffer
4 Eßl.	*saure Sahne*
1/2	*Bund Petersilie*
	etwas Zitronensaft
Arbeitsaufwand:	
	etwa 40 Minuten
Garzeit:	
	etwa 1 Stunde

1. Für den Flan den Kohlrabi putzen, schälen und in etwa 2 cm große Würfel schneiden. In einem Topf gut die Hälfte der Butter erhitzen. Die Kohlrabiwürfel darin unter Rühren anschwitzen. Mit Salz, Pfeffer und Muskat kräftig würzen.

2. Die Milch dazugießen und den Kohlrabi zugedeckt bei schwacher Hitze in 15–20 Minuten weich dünsten. Dann den Deckel abnehmen und die Flüssigkeit bei starker Hitze einkochen lassen.

3. Den Backofen auf 150° vorheizen. Den Kohlrabi im Mixer oder in der Küchenmaschine ganz fein pürieren. Die Masse etwas abkühlen lassen, dann die Eier unterrühren. Nochmals nachwürzen. Die Souffléeförmchen mit der übrigen Butter ausstreichen. Die Kohlrabimasse einfüllen.

4. In einen flachen Bräter kochendes Wasser gießen. Die Förmchen hineinstellen und die Flans im heißen Ofen in diesem Wasserbad etwa 15 Minuten pochieren.

5. In der Zwischenzeit die Austernpilze putzen. Die Schalotte schälen und fein hacken. In einer Pfanne die Butter aufschäumen lassen. Die Schalotte dazugeben und unter Rühren bei mittlerer Hitze weich braten. Die Pilze dazugeben und leicht anbraten. Mit Salz und Pfeffer würzen. Die Pilze aus der Pfanne nehmen und warm stellen.

6. Die saure Sahne in die Pfanne geben. Nun nicht mehr stark erhitzen, da sonst die Sahne ausflockt. Die Petersilie ganz fein hacken und unterrühren. Die Sauce mit Salz, Pfeffer und dem Zitronensaft würzen.

7. Die Pilze nochmals kurz in die Sauce geben und darin erwärmen. Auf vorgewärmten Tellern anrichten. Den Flan vorsichtig darauf stürzen. Sofort servieren.

Mein Tip:

Ein trocken ausgebauter »Kerner« paßt gut dazu.
Versuchen Sie diesen Flan auch mal mit anderen Gemüsen wie roten Beten, Sellerie, Broccoli oder Blumenkohl. Der Eigengeschmack der Gemüsesorten wird durch diese Zubereitung besonders hervorgehoben.

Steinbutt-Gelee mit Gurken

Das Gelee ist zwar nicht gerade billig, aber für Festtage eine besonders schöne Vorspeise. Der reine Steinbuttgeschmack kommt hier besonders gut zur Geltung.

	Für 10–12 Personen:
1	*Terrinenform von 28 cm Länge, 8 cm Breite und 6 cm Höhe*
1 kg	*Steinbuttfilets (vom Fischhändler Haut und alle Gräten entfernen lassen)*
	Salz
	frisch gemahlener Pfeffer
1	*Bund Dill*
2	*große Salatgurken*
6	*Blatt weiße Gelatine*
100 g	*Crème fraîche*
200 ml	*trockener Riesling*
	Arbeitsaufwand:
	etwa 50 Minuten
	Ruhezeit:
	etwa 15 Stunden
	Garzeit:
	etwa 1 1/4 Stunden

1. Die Steinbuttfilets rundherum salzen und pfeffern. Den Dill waschen und trockentupfen. Die feinen Blättchen abzupfen und das Filet damit bestreuen. Den Fisch wenden und auch die andere Seite mit Dillspitzen bestreuen. Leicht mit den Fingerspitzen einklopfen. Den Fisch abgedeckt etwa 3 Stunden im Kühlschrank ziehen lassen.

2. Die Salatgurken schälen. Dann der Länge nach ringsherum in etwa 1 cm dicke Bänder schneiden, bis Sie auf die Kerne stoßen.

3. Die Gurkenstreifen für einige Sekunden in kochendes Salzwasser geben. Mit einem Schaumlöffel herausheben, in Eiswasser abschrecken und auf Küchentücher zum Abtropfen ausbreiten. Den Backofen auf 140° vorheizen.

4. Die Gelatine in kaltem Wasser etwa 10 Minuten einweichen. Die Terrinenform mit Frischhaltefolie auslegen. 1 Blatt Gelatine auf den Terrinenboden legen. Darauf eine Schicht Gurken verteilen, überstehende Ränder abschneiden. Die Schicht ganz dünn mit etwas Crème fraîche bestreichen. Nun wieder 1 Blatt Gelatine auflegen, mit einer Schicht Fischfilet bedecken. Dieses ebenfalls in Größe der Form zurechtschneiden, mit den Resten kleine Löcher auffüllen. Das Filet mit Crème fraîche bestreichen. Auf diese Weise alle Gurkenbänder und den Steinbutt abwechselnd mit der Gelatine einschichten.

5. Zum Schluß den Weißwein darüber gießen. Die Folie über der Terrine zusammenfalten und den Deckel auflegen.

6. Einen großen Bräter mit kochendem Wasser füllen. Die Terrine nach etwa 5 Minuten hineinstellen und in den vorgeheizten Ofen (unten) schieben. Die Terrine in etwa 1 1/4 Stunden garen. Die Wassertemperatur soll 75° nicht übersteigen, es darf also nicht kochen.

7. Die Steinbutt-Terrine aus dem Ofen nehmen und abkühlen lassen. Dann über Nacht im Kühlschrank ruhen lassen.

8. Kurz vor dem Servieren das Gelee aus der Form stürzen und die Folie entfernen. Mit einem in heißes Wasser getauchten Messer oder einem Elektromesser aufschneiden. Auf Tellern anrichten und eventuell mit einem kleinen Gurkensalat, angemacht mit Apfel-Honig-Essig, Dill und Crème fraîche, servieren.

Mein Tip:

Ein trockener reifer (etwa 3–4 Jahre alt) »Riesling«, Kabinett oder Spätlese aus dem Rheingau oder von der Nahe, paßt gut dazu.
Wenn die Terrine im Kühlschrank ruht, können Sie sie zusätzlich beschweren, dann hält das Gelee später besser zusammen.
Steinbutt bekommen Sie ausschließlich in sehr guten Fischgeschäften. Im Notfall können Sie auch tiefgefrorenes Filet verwenden.

Sanft geschmort und gekocht

In der Küche meiner Heimat Hohenlohe haben sowohl geschmorte als auch gekochte Gerichte eine bestimmende Bedeutung. Einen Einfluß davon werden Sie in meinen warmen Vorspeisen und Zwischengerichten immer spüren. Wenn sie auch heute feiner und leichter zubereitet werden. Die Liebhaber dieser Vorspeisen mit regionalem Charakter werden immer mehr. Wie ich meine, auch zu recht, denn sie schmecken einfach köstlich. Halten Sie sich bei diesen Vorspeisen nicht sklavisch an meine Angaben. Variieren Sie auch einfach einmal mit dem, was Sie gerade im Kühlschrank haben.

Muskatkürbis-Cremesuppe

Eine tolle herbstliche Vorspeise, die Sie auch gut vorbereiten können.

	Für 4 Personen:
500 g	*Muskatkürbis (siehe Tip)*
2	*Schalotten*
1	*Lauchstange*
40 g	*Butter*
1 l	*Geflügelbrühe (siehe Seite 9)*
1/2	*Lorbeerblatt*
3	*Nelken*
10	*weiße Pfefferkörner*
150 g	*Crème fraîche*
	Salz
	frisch gemahlener weißer Pfeffer
	frisch geriebene Muskatnuß
	Arbeitsaufwand:
	etwa 30 Minuten
	Garzeit:
	etwa 40 Minuten

1. Die harte Schale vom Kürbis entfernen. Den Muskatkürbis von den Kernen und dem weißen Flaum befreien.
Das feste Fruchtfleisch in grobe Würfel schneiden.

2. Die Schalotten schälen und grob hacken. Vom Lauch das dunkle Grün abschneiden und eventuell für eine Fleischbrühe zum Mitkochen verwenden. Den hellen Teil vom Lauch putzen, waschen und in etwa fingerbreite Streifen schneiden.

3. In einem großen Topf die Butter erhitzen. Die Schalotten und den Lauch darin anschwitzen, aber keine Farbe annehmen lassen. Die Kürbiswürfel dazugeben und kurz mitbraten. Die Geflügelbrühe angießen und zum Kochen bringen.

4. Das Lorbeerblatt, die Nelken und die Pfefferkörner in ein Tee-Ei füllen oder in ein kleines Stück Mulltuch einbinden und in die Suppe geben. Die Suppe etwa 40 Minuten bei schwacher Hitze köcheln lassen, bis die Kürbiswürfel ganz weich sind. Das Tee-Ei oder das Gewürzsäckchen entfernen.

5. Die Suppe portionsweise im Mixer oder direkt im Topf mit dem Pürierstab ganz fein pürieren. Nach Belieben zusätzlich noch durch ein feines Spitzsieb passieren.

6. Die Suppe zurück in den Topf füllen und nochmals erhitzen. Gut zwei Drittel der Crème fraîche unterrühren. Die Suppe mit Salz, Pfeffer und Muskat würzen.

7. Die Suppe in vorgewärmte Teller verteilen und je 1 kleinen Klecks Crème fraîche in die Mitte setzen. Nach Wunsch mit einer Gabel Muster ziehen. Sofort servieren.

Mein Tip:

Der Muskatkürbis ist ein kleiner Kürbis mit bräunlicher Schale und sehr festem, orangefarbenen Fleisch. Er schmeckt besonders intensiv und würzig.
Zur Kürbissuppe müssen Sie nicht unbedingt etwas zu trinken anbieten, man nimmt ja schon genug Flüssigkeit zu sich. Wenn Sie aber doch etwas servieren möchten, so paßt dazu sehr gut ein Glas Amontillado-Sherry oder Madeira.

Legierte Hirnsuppe

Eine typisch schwäbische Vorspeise, die bei keinem Festtagsessen fehlen darf. Diese Version ist leicht und schnell zuzubereiten und läßt den Geschmack des Kalbshirns besonders gut zur Geltung kommen.

	Für 4 Personen:
2 Stück	*schönes Kalbshirn*
	(insgesamt etwa 300 g)
1 Eßl.	*abgezupfte Estragonblätter*
je 1	*kleine Handvoll Petersilie*
	und Kerbel
1/2	*Bund Schnittlauch*
2	*Eigelb*
400 g	*Sahne*
1/2 l	*Fleischbrühe (siehe Seite 9)*
	Salz
	frisch gemahlener weißer Pfeffer
	frisch geriebene Muskatnuß
	Zeit zum Wässern:
	mindestens 12 Stunden
	Arbeitsaufwand:
	etwa 20 Minuten
	Garzeit:
	etwa 15 Minuten

1. Das Kalbshirn gründlich mit kaltem Wasser abspülen. Dann in eine Schüssel legen, mit Wasser bedecken und über Nacht in den Kühlschrank stellen.

2. Am nächsten Tag das Hirn sorgfältig säubern: Die feine Haut entfernen, dabei eventuell vorhandene kleine Blutgerinnsel mit wegziehen. Das Hirn in nußgroße Stücke zerteilen.

3. Die Kräuter waschen, ganz gut trockenschütteln, eventuell zusätzlich in ein Küchentuch einwickeln und trocknen. Die Kräuter fein hacken.

4. In einem großen Topf die Eigelbe mit den Kräutern mit einem Schneebesen schaumig schlagen. Die Sahne dazugießen und gut unterrühren. Nun die Fleischbrühe und die Hirnstücke hinzufügen.

5. Alles bei mittlerer Hitze langsam erhitzen. Dabei mit einem Rührlöffel ständig rühren, damit nichts am Topfboden ansetzt. Die Suppe erhitzen, bis sie eine leichte Bindung hat, auf keinen Fall kochen, da sonst das Eigelb gerinnt. Die Kräuter sollen in die Suppe eingebunden sein, nicht obenauf schwimmen.

6. Die Suppe mit Salz, Pfeffer und Muskat kräftig abschmecken. Sofort in vorgewärmte Teller füllen und servieren.

Mein Tip:

Servieren Sie zur Hirnsuppe ganz frisches Baguette oder ein anderes Weißbrot. Die Suppe kann gut vor einem hellen Braten, zum Beispiel von Kalb oder Geflügel, serviert werden.

Kalte Fischsuppe mit Gambas

Den Seehecht können Sie auch durch andere Fische, vorzugsweise Mittelmeerfische, ersetzen. Schauen Sie einfach beim Fischhändler, was er im Angebot hat.

Für 4 Personen:	
12	*frische Gambas*
1 kg	*Seehecht*
2	*Zwiebeln*
1	*dünne Lauchstange*
1	*kleine Fenchelknolle*
3	*Knoblauchzehen*
8–9 Eßl.	*Olivenöl*
6	*reife Tomaten*
1 1/2 l	*Wasser*
1/2	*Bund Petersilie*
1	*Zweig Thymian*
	etwas Safran (Pulver oder Fäden)
	Meersalz
	Cayennepfeffer
1	*Prise Zucker*
	Öl zum Braten
Arbeitsaufwand:	
	etwa 40 Minuten
Garzeit:	
	etwa 50 Minuten
Kühlzeit:	
	mindestens 2 Stunden

1. Von den Gambas den Schwanz ablösen. Die Gambas aus den Schalen brechen und den fadenförmigen, dunklen Darm entfernen (siehe Seite 13). Das Gambafleisch abdecken und beiseite stellen.

2. Den Seehecht gründlich waschen und mit dem Kopf und den Flossen in größere Stücke zerteilen. Die Zwiebeln grob zerteilen. Den Lauch und den Fenchel waschen, putzen und ebenfalls in größere Würfel schneiden. Die Knoblauchzehen auf einem Brett mit dem Messerrücken zerdrücken.

3. In einem großen Topf 6 Eßlöffel Olivenöl erhitzen. Zuerst die Zwiebeln, den Lauch, den Fenchel und den Knoblauch darin unter Rühren abraten. Die Gamba-Karkassen hinzufügen und kurz mitbraten. Dann die Fischstücke dazugeben.

4. Die Tomaten waschen, vierteln, mit den Händen über dem Topf leicht zerdrücken und hinzufügen. Auf diese Weise sind sie schon etwas zerkleinert und brauchen nicht geschnitten werden. Alles mit dem Wasser ablöschen. Die Suppe bei schwacher Hitze etwa 45 Minuten leise köcheln lassen. Dabei nach etwa 30 Minuten die Petersilie und den Thymian hinzufügen.

5. Anschließend die Suppe durch ein Sieb in eine Schüssel abgießen, dabei so gut wie möglich durchstreichen. Die Suppe wieder in den Topf geben und nochmals aufkochen. Den Safran dazugeben. Die Suppe mit dem Pürierstab gut durchmixen und mit Salz, Cayennepfeffer, dem Zucker und dem übrigen Olivenöl abschmecken. Die Suppe abkühlen lassen.

6. Die beiseitegestellten Gambas mit Salz und Pfeffer würzen. Eine Pfanne sehr stark erhitzen. Die Gambas darin in möglichst wenig Öl auf beiden Seiten je etwa 1 Minute braten. Auf einen Teller geben und abkühlen lassen. Die Suppe und die Gambas mindestens 2 Stunden kühl stellen.

7. Kurz vor dem Servieren die Gambas in vorgekühlte tiefe Teller legen und mit der Fischsuppe übergießen. Sofort servieren.

Mein Tip:

Servieren Sie zu dieser kalten Fischsuppe frische Knoblauch-Croûtons. Dafür kleine Würfel aus altbackenem Weißbrot zusammen mit 2–3 Knoblauchzehen in Butter bei mittlerer Hitze goldgelb braten. Dabei ständig wenden. Die Croûtons in ein Sieb geben, damit überschüssiges Fett abtropfen kann. Die Knoblauchzehen herausfischen und die Croûtons getrennt zur Suppe servieren. Dazu schmeckt ein frischer trockener Weißwein, zum Beispiel aus dem Friaul.

Fränkische Grünkernsuppe

Für diese fränkische Spezialität brauchen Sie Grünkernschrot und kein Grünkernmehl. Der Suppe fehlt sonst der nötige »Biß«. Geschroteter Grünkern wird manchmal auch als Grünkerngrütze angeboten. Falls Sie eine Getreidemühle besitzen, können Sie die ganzen Körner natürlich selber schroten.

	Für 4 Personen:
1	Möhre
1 Stück	Knollensellerie (etwa 100 g)
1	dünne Lauchstange
1	kleine Zwiebel
100 g	durchwachsener Speck
1 Eßl.	Butter
150 g	Grünkernschrot
1 1/4 l	Fleischbrühe (siehe Seite 9)
1	Lorbeerblatt
	Salz
	frisch gemahlener Pfeffer
2	Eigelb
125 g	Sahne
3–4	Stengel frischer Kerbel
	Arbeitsaufwand:
	etwa 20 Minuten
	Garzeit:
	etwa 40 Minuten

1. Das Gemüse und die Zwiebel schälen beziehungsweise putzen, waschen und in ganz feine Würfel schneiden. Den Speck ebenfalls möglichst fein würfeln.

2. Die Butter in einem großen Topf aufschäumen lassen. Den Speck hinzufügen und bei schwacher Hitze unter stetigem Rühren ausbraten. Den Grünkernschrot dazugeben und glasig werden lassen.

3. Mit der Fleischbrühe ablöschen. Das Lorbeerblatt hinzufügen, die Suppe leicht salzen und pfeffern. Die Grünkernsuppe 35–40 Minuten bei schwacher Hitze leise köcheln lassen, bis der Grünkern gar ist.

4. Das Lorbeerblatt herausfischen. Die Eigelbe mit der Sahne verquirlen. Die Suppe vom Herd nehmen und die Sahnemischung einrühren. Die Suppe nochmals erhitzen, aber auf keinen Fall kochen lassen, sonst gerinnt das Eigelb.

5. Die Suppe mit Salz und Pfeffer abschmecken. In vorgewärmte tiefe Teller füllen und mit den abgezupften Kerbelblättchen bestreut servieren.

Mein Tip:

Etwas deftiger wird die Suppe, wenn Sie zum Ende der Garzeit geräucherte fränkische Bratwürste (eine Art grobe, sehr kräftig gewürzte Mettwurst) darin erwärmen. Dazu schmeckt dann eine Scheibe kräftiges Bauernbrot. Und am besten ein kühles Export-Bier.

Lauch-Kartoffel-Suppe mit Speck

Im Grunde ist dies eine ganz schlichte Suppe. Zur Abwechslung können Sie auch mal die feinere Variante servieren: Ohne Speck, dafür mit feinen Lachsstreifen. Dies schmeckt im Sommer übrigens gekühlt und mit einem Klacks saurer Sahne sehr gut!

	Für 4 Personen:
300 g	*Lauch (geputzt gewogen)*
400 g	*mehligkochende Kartoffeln*
3 Eßl.	*Butter*
3/4 l	*Fleischbrühe (siehe Seite 9)*
150 g	*durchwachsener Speck, in feinen Scheiben*
150 g	*Crème fraîche*
	Salz
	frisch gemahlener Pfeffer
	frisch geriebene Muskatnuß
1/2	*Bund Petersilie*
	Arbeitsaufwand:
	etwa 20 Minuten
	Garzeit:
	etwa 20 Minuten

1. Den Lauch putzen, waschen und in feine Streifen schneiden. Die Kartoffeln schälen und in etwa 1 cm große Würfel schneiden.

2. Die Butter in einem großen Topf erhitzen. Den Lauch und die Kartoffeln darin unter Rühren kurz andünsten. Mit der Fleischbrühe auffüllen und bei mittlerer Hitze etwa 15 Minuten zugedeckt kochen.

3. Inzwischen den Speck in feine Streifen schneiden. Ganz kurz mit kochendem Wasser überbrühen, um den Salzgehalt etwas zu mindern. Die Speckstreifen auf Küchenpapier abtropfen lassen. Dann in einer Pfanne bei schwacher Hitze ausbraten, bis sie knusprig sind, dabei immer wieder wenden. Die Speckstreifen erneut auf Küchenpapier abtropfen lassen.

4. Die Kartoffelsuppe portionsweise im Mixer oder mit dem Pürierstab direkt im Topf pürieren. Die Crème fraîche unterrühren und die Suppe mit Salz, Pfeffer und etwas Muskat abschmecken.

5. Die Petersilie waschen und gut trockenschütteln. Die Blätter von den Stielen zupfen und grob hacken. Die Petersilie unter die Suppe rühren. Die Kartoffelsuppe in vorgewärmte tiefe Teller füllen und mit den Speckstreifen garnieren.

Mein Tip:

Diese Suppe eignet sich auch gut als Hauptgericht, zum Beispiel, wenn Sie hinterher etwas Süßes wie Zwetschgenknödel oder Dampfnudeln essen möchten. Servieren Sie die Suppe dann mit einer kräftigen deftigen Einlage (Cabanossi- oder Fleischwurstscheiben). Und dazu schmeckt am besten ein kühles Bier!

Kalte gelierte Rinderkraftbrühe

Eine schön erfrischende Vorspeise für ganz heiße Tage.

Für 4 Personen:	
Für die Brühe:	
250 g	Rinderwade
300 g	rote Paprikaschoten (geputzt gewogen)
1 1/2 l	kräftige Fleischbrühe (siehe Seite 9)
10	Pfefferkörner
4	Pimentkörner
2	Wacholderbeeren
	einige Stengel frischer Koriander
1	Knoblauchzehe
2	Fleischtomaten
2	Eiweiß
	Salz
	frisch gemahlener Pfeffer
Für die Einlage:	
je 1/2	rote und grüne Paprikaschote
	Salz
Arbeitsaufwand:	
	etwa 30 Minuten
Garzeit:	
	etwa 30 Minuten
Ruhezeit:	
	etwa 6 Stunden

1. Die Rinderwade in grobe Würfel schneiden. Die Paprikaschoten putzen, waschen und ebenfalls grob würfeln. Beides in einer Schüssel vermischen, dann portionsweise durch die grobe Scheibe des Fleischwolfs drehen.

2. Die Mischung zusammen mit der Fleischbrühe in einen Topf füllen. Die Pfefferkörner, die Pimentkörner und die Wacholderbeeren hinzufügen. Von dem Koriander einige Blättchen zum Garnieren abzupfen und, in Folie gewickelt, beiseite stellen. Die übrigen Stiele mitsamt den Blättern ebenfalls in den Topf geben.

3. Die Knoblauchzehe schälen und hinzufügen. Die Fleischtomaten waschen, halbieren, über dem Topf in der Hand leicht zerdrücken und dazugeben. Die Eiweiße leicht verquirlen und in den Topf gießen. Alles mit den Händen gut vermengen.

4. Die Brühe bei schwacher Hitze ganz langsam zum Kochen bringen. Dabei geben das durchgedrehte Fleisch und die Paprikawürfel ihren Geschmack an die Brühe ab. Gleichzeitig werden durch das Eiweiß (auch durch das Fleischeiweiß) die Trübteile gebunden.

5. Alles einmal aufkochen lassen, dann von der Herdplatte ziehen und neben dem Ofen etwa 1 Stunde ziehen lassen. Die Brühe dann mit Salz und frisch gemahlenem Pfeffer kräftig würzen.

6. Ein feines Sieb zusätzlich mit einem Passiertuch auslegen. Die Brühe durchsieben und für mindestens 5 Stunden kalt stellen.

7. Für die Einlage die Paprikaschoten putzen, dicke Innenrippen und die Kerne entfernen. Die Schoten für 1/2 Minute in kochendes Salzwasser geben, sofort in Eiswasser abschrecken. Dann die Haut abziehen und das Fruchtfleisch ganz nach Belieben in gleichmäßig feine Streifen, Rauten oder Würfel schneiden.

8. Gut gekühlte Suppenteller mit den Paprikaschoten auslegen. Die übrigen Korianderblätter darin verteilen. Mit der gelierten Brühe auffüllen und sofort servieren.

Mein Tip:

Zu dieser erfrischenden Suppe servieren Sie am besten ein knuspriges Baguette und als Getränk ein Glas gut gekühlten Champagner.
Die Suppe läßt sich übrigens gut schon am Tag zuvor zubereiten, so daß Sie genügend Zeit für Ihre Gäste haben. Sie können sie vorweg oder als Zwischengang in einem sommerlichen Menü servieren.

Zanderklösse in Rieslingsauce

Die zarten Klöße schmecken auch als Hauptgericht sehr gut.

	Für 4 Personen:
	Für die Klöße:
250 g	*Zanderfilet*
1	*Ei*
100 g	*Sahne*
1	*Eiswürfel*
	Salz
	frisch gemahlener Pfeffer
	frisch geriebene Muskatnuß
1	*Lorbeerblatt*
3	*Gewürznelken*
1	*Schuß Essig*
	Für die Sauce:
200 g	*Zanderkarkassen und Gräten (beim Fischhändler erfragen)*
1	*Schalotte*
3 Eßl.	*Butter*
200 ml	*Wasser*
200 ml	*trockener Riesling*
100 ml	*Noilly Prat (trockener französischer Wermut)*
300 g	*Sahne*
	Salz
	frisch gemahlener weißer Pfeffer
	ganz wenig Zitronensaft
	Zum Garnieren:
12	*Stangen grüner Spargel*
	einige Kerbelblättchen
	Kühlzeit:
	etwa 1 Stunde
	Arbeitsaufwand:
	etwa 40 Minuten
	Garzeit:
	etwa 1 1/2 Stunden

Die Zanderklöße sind eine sehr feine, zarte Vorspeise. Damit die Fischmasse auch locker wird, sollten Sie darauf achten, daß die Zutaten wirklich schön kalt sind.
Die Fischwürfel können Sie, wenn es einmal schneller gehen soll, auch für 20–30 Minuten, gut abgedeckt, ins Gefrierfach stellen. Aber nicht länger, damit sie nicht anfrieren. Hinterher beim Mixen lassen Sie die Maschine am besten nicht zu lange am Stück laufen. Lieber nur sekundenweise einschalten und den Fisch in Intervallen pürieren. Läuft die Maschine nämlich längere Zeit am Stück, kann sich die Fischfarce zu sehr erwärmen und das Eiweiß dadurch ausflocken. Das fertige Püree bis zum Garen der Klöße wieder gut abdecken und kalt stellen.

Die Zanderklöße können Sie übrigens auch auf anderen Gemüsen servieren. Sehr gut eignen sich: Zuckerschoten, ganz feine junge Möhren, weißer Spargel, Spinat oder Mangold. Zuckerschoten, Möhren und Spargel kochen Sie in Salzwasser und schrecken sie dann mit kaltem Wasser ab, damit sie ihre schöne Farbe behalten. Von Spinat oder Mangold entfernen Sie die dicken Blattrippen und lassen die Blätter dann in aufschäumender Butter zusammenfallen. Die dicken Mangoldstiele können Sie, in feine Scheibchen geschnitten, ebenfalls in einer extra Pfanne in etwas Butter gar dünsten.
Die Zanderklöße lassen sich außerdem auch gut mal als Hauptgericht servieren. Wir essen dazu gerne einen Basmati-Reis (ein asiatischer Reis mit einem ganz feinen Duft) oder kleine Butterkartöffelchen. Am besten schmeckt dazu natürlich ein trockener »Riesling«, zum Beispiel aus dem Elsaß.

1. Für die Klöße das Zanderfilet in etwa 2 cm große Würfel schneiden. In eine Schüssel füllen und zugedeckt für mindestens 1 Stunde kalt stellen. Das Ei und die Sahne ebenfalls im Kühlschrank lassen, bis beides gebraucht wird.

2. Die Fischwürfel dann mit dem Ei und der Sahne in den Mixer oder die elektrische Küchenmaschine geben. Den Eiswürfel hinzufügen. Mit Salz, Pfeffer und Muskat würzen.

3. Alles auf höchster Stufe möglichst rasch durchmixen. Dabei eventuell zwischendurch kurz stoppen, damit die Masse nicht zu warm wird. Das Zandermus abgedeckt wieder kalt stellen.

4. Für die Sauce die Karkassen grob zerkleinern. Die Schalotte schälen und in feine Würfel schneiden. In einem Topf 1 Eßlöffel Butter aufschäumen lassen (die restliche Butter wieder kalt stellen). Die Schalotte darin anschwitzen.

5. Die Gräten hinzufügen und alles mit dem Wasser auffüllen. Einmal aufkochen, dann bei schwacher Hitze etwa 30 Minuten leise köcheln lassen. Dabei zwischendurch immer wieder den entstandenen Schaum abschöpfen.

6. In einem zweiten Topf den Weißwein mit dem Noilly Prat bei starker Hitze einkochen lassen, bis nur noch 3–4 Eßlöffel Flüssigkeit übrig sind. Den Zanderfond durch ein Spitzsieb dazugeben.

7. Die Sauce bei schwacher Hitze einkochen lassen, bis sie dickflüssig ist. Die Sahne dazugießen, die Sauce nun nicht mehr kochen lassen. Kurz vor dem Servieren die restliche Butter nach und nach unter die Sauce schlagen. Mit Salz, Pfeffer und ganz wenig Zitronensaft abschmecken.

8. In zwei Töpfen Salzwasser zum Kochen bringen. In einen Topf das Lorbeerblatt, die Nelken und den Essig geben. Von dem Zandermus mit zwei nassen Eßlöffeln kleine Nocken abstechen. In das siedende Wasser geben und bei schwacher Hitze in 15–20 Minuten darin gar ziehen lassen.

9. Den Spargel für die Garnitur schälen, die festen Enden abschneiden und die Stangen je nach Dicke in dem zweiten Topf in 8–10 Minuten garen. Kurz kalt abschrecken und in vorgewärmte tiefe Teller legen.

10. Die Klöße mit einem Schaumlöffel herausheben und auf dem Spargel anrichten. Mit der Sauce übergießen und mit den Kerbelzweigen garnieren. Sofort servieren.

Risotto mit Rauke

Nach diesem Rezept läßt sich jeder Risotto zubereiten. Sie können ganz nach Ihrem Belieben variieren: feine Frühlings- oder Sommergemüse mitgaren, nur Tomaten hinzufügen oder zum Schluß kurzgebratene Pilze, Geflügellebern oder Brieswürfelchen untermischen.

	Für 4 Personen:
1	*Zwiebel*
150 g	*Butter*
250 g	*italienischer Rundkornreis*
1/8 l	*Weißwein*
	Salz
3/4 l	*Fleischbrühe (siehe Seite 9)*
100 g	*Rauke (siehe Tip)*
80 g	*Parmesan*
	Arbeitsaufwand:
	etwa 15 Minuten
	Garzeit:
	etwa 40 Minuten

1. Die Zwiebel schälen und in ganz feine Würfel schneiden. In einer großen Sauteuse die Hälfte der Butter aufschäumen lassen. Die Zwiebel darin unter Rühren glasig werden lassen.

2. Den Reis dazugeben und etwa 1 Minute anschwitzen. Mit dem Weißwein ablöschen und ganz leicht salzen. Den Risotto nun bei schwacher Hitze leise köcheln lassen, bis der Weißwein aufgesogen ist.

3. Dann etwas Fleischbrühe dazugießen und wiederum einköcheln lassen. Auf diese Weise nach und nach die ganze Fleischbrühe hinzufügen. Der Reis soll nicht in der Brühe schwimmen, sondern nur gerade davon bedeckt sein.

4. Die Rauke waschen und bis auf einige wenige schöne Blätter grob schneiden. Die Rauke nach etwa 15 Minuten in den Risotto geben und mitköcheln lassen. Den Risotto noch etwa 15 Minuten köcheln lassen, dann vom Herd nehmen und langsam die restliche Butter hineinrühren. Mit Salz abschmecken.

5. Den Parmesan reiben und knapp die Hälfte davon unter den Risotto rühren. In vorgewärmten tiefen Tellern anrichten und mit den Raukeblättern garnieren. Getrennt dazu den restlichen Parmesan servieren.

Mein Tip:

Rauke heißt auch Rucola, Roquette oder Rugola. Sie hat ein nußartiges Aroma mit einem ganz feinen Bitterton. Sie können sie in guten Gemüse- oder Feinkostläden kaufen. Oder Sie ziehen sie selbst: im Garten oder im Blumenkasten auf dem Balkon. Inzwischen gibt es die Samen im guten Fachhandel zu kaufen. Oder Sie bringen sich die Samen aus Italien mit. Die Aussaat ist ganz einfach und die Blätter wachsen wie Unkraut!
Die Arbeit lohnt sich auf jeden Fall, denn Rauke ist ungeheuer vielseitig: sie schmeckt frisch als feiner Salat, püriert als Süppchen oder sie gibt, zum Beispiel zu Fisch, eine prima Sauce ab.

Kutteln mit Tomaten geschmort

Meist werden gekochte Kutteln schon geschnitten angeboten. Versuchen Sie jedoch bei Ihrem Metzger die gekochten Kutteln am Stück zu bekommen. Nur so können Sie sie in wirklich ganz feine Streifen schneiden. Das sieht einmal sehr viel schöner aus und außerdem ist der Eßgenuß ein völlig anderer.

	Für 4 Personen:
6–8	*Fleischtomaten (je nach Größe)*
200 g	*mehligkochende Kartoffeln*
2	*Stangen Staudensellerie*
2	*Schalotten*
1	*Knoblauchzehe*
2 Eßl.	*Butter*
400 ml	*heller Kalbsfond (siehe Seite 8)*
500 g	*gekochte Kalbskutteln am Stück*
	(beim Metzger vorbestellen)
	Salz
	frisch gemahlener Pfeffer
	frisch geriebene Muskatnuß
	einige Stengel Petersilie
2 Teel.	*Estragonessig*
	Arbeitsaufwand:
	etwa 30 Minuten
	Garzeit:
	etwa 25 Minuten

1. Die Tomaten mit kochendem Wasser überbrühen, kalt abschrecken und die Haut abziehen. Die Tomaten halbieren und die Kerne herausdrücken (siehe Seite 11). Das Fruchtfleisch in etwa 2 cm große Würfel schneiden.

2. Die Kartoffeln schälen und in 1 cm große Würfel schneiden. Den Staudensellerie putzen, von den Fäden befreien und wie die Kartoffeln würfeln.

3. Die Schalotten und den Knoblauch schälen und in ganz feine Würfel schneiden.

4. In einer großen Sauteuse die Butter aufschäumen lassen. Die Schalotten mit dem Knoblauch darin glasig dünsten. Die Kartoffelwürfel dazugeben, kurz durchschwenken und von der Butter durchtränken lassen. Alles mit dem Kalbsfond auffüllen und etwa 10 Minuten bei mittlerer Hitze köcheln lassen.

5. In der Zwischenzeit die Kalbskutteln in feine Streifen schneiden. Zusammen mit den Selleriewürfeln zu den Kartoffeln in die Sauteuse geben. Mit Salz, Pfeffer und Muskat würzen und weitere 8 Minuten schmoren lassen.

6. Die Tomatenwürfel dazugeben und nochmals maximal 2 Minuten weiterschmoren lassen. Die Brühe soll nun durch die gekochten Kartoffeln ein wenig gebunden, die Kartoffelwürfel sollen aber nicht zerkocht sein.

7. Die Petersilie hacken, dazugeben und alles kurz durchschwenken. Etwa 2 Minuten am Herdrand ziehen lassen.

8. Die Kutteln nochmals erhitzen, mit dem Estragonessig würzen. In tiefen vorgewärmten Tellern anrichten und sofort servieren.

Mein Tip:

Die Kutteln verlieren durch diese Zubereitung etwas von ihrem Ruf als übermäßige Sattmacher. Dieses Gericht eignet sich jedoch auch als Hauptgericht. Die Portionen können Sie dafür einfach verdoppeln.
Ein frischer, trocken ausgebauter »Württemberger Trollinger« paßt gut dazu. Oder probieren Sie doch einfach einmal einen jungen, gekühlten »Beaujolais« dazu. Der ist kräftiger und kommt dem Geschmack der wirklichen Rotweintrinker näher.

Geschmorter Chicorée mit Estragon

Achten Sie beim Einkauf darauf, daß Sie möglichst gleich große Chicoréestauden bekommen, damit die Garzeit für alle Stücke gleich ist.

	Für 4 Personen:
4	mittelgroße Chicoréestauden
60 g	Butter
	Salz
	frisch gemahlener Pfeffer
1	kleine Prise Zucker
8 Eßl.	Geflügelbrühe (siehe Seite 9)
2 Eßl.	abgezupfte Estragonblätter
1–2 Eßl.	Zitronensaft
	Arbeitsaufwand:
	etwa 25 Minuten
	Garzeit:
	etwa 15 Minuten

1. Den Chicorée waschen, längs halbieren und die Strünke keilförmig herausschneiden. Dabei darauf achten, daß die Blätter noch zusammenhalten.

2. Die Butter in einem flachen breiten Topf schmelzen lassen. Die Chicoréehälften mit der Schnittfläche nach unten hineinlegen, salzen, pfeffern und den Zucker dazugeben. Den Topf mit einem Deckel verschließen und den Chicorée etwa 3 Minuten bei mittlerer Hitze schmoren lassen.

3. Den Geflügelfond dazugießen, den Deckel wieder auflegen und den Chicorée weitere 3–4 Minuten bei mittlerer Hitze schmoren lassen.

4. Den Chicorée herausheben, auf tiefen vorgewärmten Tellern anrichten und warm stellen.

5. Den verbliebenen Saft im Topf bei schwacher Hitze einkochen, bis er leicht bindet. Den Estragon und den Zitronensaft dazugeben, eventuell nochmals nachwürzen und mit einem kleinen Schneebesen rasch schaumig schlagen. Den Fond über den Chicorée gießen und das Gemüse sofort servieren.

Mein Tip:

Diese überaus einfache und rasch zubereitete Vorspeise servieren wir im »Hirschen« hin und wieder. Wir verwenden dann anstelle des Estragons in Streifen geschnittene frische Perigord-Trüffeln. Dies ist natürlich eine viel teurere Variante, aber sie lohnt sich sehr! Das leicht bittersüße Aroma des Chicorée verbindet sich aufs beste mit dem Aroma der Trüffeln. Wir servieren dann hierzu einen weißen, fruchtigen »Burgunder«.

Geschmorte Kalbsnieren mit Artischocken

Das nußartige Aroma der Artischocken paßt gut zu den feinen Kalbsnieren. Wenn Sie nicht so geübt sind, lassen Sie die Nieren vom Metzger häuten.

Für 4 Personen:	
Für die Kalbsnieren:	
4	*mittelgroße Artischocken*
4 Eßl.	*Olivenöl*
1	*Knoblauchzehe*
	Salz
	frisch gemahlener
	schwarzer Pfeffer
1	*Zweig Thymian*
400 g	*Kalbsnieren*
2 Eßl.	*Pflanzenöl*
	Saft von
1/2	*Zitrone*
Für die Sauce:	
1	*Schalotte*
100 ml	*Madeira*
100 ml	*Noilly Prat (trockener*
	französischer Wermut)
100 ml	*trockener Weißwein*
4 Eßl.	*Fleischextrakt (Glace de viande,*
	siehe Seite 8)
300 g	*Sahne*
1	*Wacholderbeere*
50 g	*roher Schinken*
1/2	*Bund Schnittlauch*
1	*Spritzer Wodka*
2 Teel.	*scharfer, grobkörniger Senf*
	(Pommery-Senf)
20 g	*kalte Butter*
	Salz
	frisch gemahlener Pfeffer
Arbeitsaufwand:	
	etwa 1 Stunde
Garzeit:	
	etwa 45 Minuten

1. Die äußeren harten Blätter der Artischocken ringsherum abschneiden. Den Stiel herausbrechen und das »Stroh« mit einem Kugelbohrer herausnehmen. Das Artischockenfleisch in dünne Scheibchen schneiden.

2. Den Backofen auf 180° vorheizen. Das Olivenöl und die ungeschälte Knoblauchzehe in einer Sauteuse erhitzen. Die Artischockenscheiben dazugeben und kurz anschwenken, dann mit Salz und Pfeffer würzen. Den Thymianzweig dazugeben und die Artischocken zugedeckt bei schwacher Hitze etwa 8 Minuten garen.

3. Inzwischen die Kalbsnieren enthäuten (oder diese Arbeit schon vom Metzger erledigen lassen) und rundherum salzen und pfeffern. Das Pflanzenöl in einer Pfanne erhitzen. Die Nieren darin rundherum bei starker Hitze etwa 2 Minuten kräftig anbraten.

4. Den Zitronensaft zu den Artischocken geben. Die Kalbsnieren darauf setzen und zugedeckt in den heißen Backofen (unten) schieben. Die Kalbsnieren etwa 15 Minuten schmoren lassen. Die Nieren aber nicht länger garen, sie sollen noch rosé sein.

5. In der Zwischenzeit für die Sauce die Schalotte schälen und fein hacken. Die Schalotte mit dem Madeira, dem Noilly Prat und dem Weißwein in einen Topf füllen und erhitzen. Die Flüssigkeit bei starker Hitze einkochen lassen, bis sie fast verdampft ist. Den Fleischextrakt dazugeben und alles noch einmal auf die Hälfte einkochen lassen. Die Sahne angießen und die Sauce jetzt nur noch erhitzen, aber nicht mehr kochen lassen.

6. Die Sauce durch ein Sieb gießen, dann wieder in den Topf füllen. Die Wacholderbeere fein zerstoßen. Den Schinken in feine Würfel schneiden. Den Schnittlauch waschen und in feine Röllchen schneiden.

7. Die Wacholderbeere, den Schinken und den Schnittlauch mit dem Wodka und dem Senf in die Sahnesauce rühren. Die Sauce noch einmal erwärmen. Die Butter in kleine Stückchen teilen und mit dem Schneebesen unter die Sauce schlagen. Die Sauce mit Salz und Pfeffer abschmecken und bei schwächster Hitze warm stellen.

8. Den Knoblauch und den Thymianzweig aus den Artischocken nehmen. Die Artischockenscheiben flach auf vorgewärmten Tellern anrichten. Die Kalbsnieren in 1 1/2 – 2 cm dicke Scheiben schneiden und auf den Artischocken verteilen. Mit der heißen Senfsauce umgießen und sofort servieren.

Mein Tip:

Servieren Sie zu dieser Vorspeise einen kräftigen weißen Burgunder, zum Beispiel einen »Meursault« oder einen »Chassagne-Montrachet«.

Spaghettini mit Tomaten

nach Cesare Canessa

Dieses Rezept zeigt eine ganz klassische italienische Pasta. Übernommen und leicht abgewandelt habe ich es von meinem Freund Cesare Canessa, einem Neapolitaner. Der beste Pastakoch, den ich kenne.

Für 4 Personen:	
10	*große reife Fleischtomaten (oder*
1	*große Dose geschälte*
	Tomaten; 800 g)
4 Eßl.	*Olivenöl*
2	*Knoblauchzehen*
320 g	*Spaghettini (dünne Spaghetti)*
	Salz
1	*Handvoll frisches Basilikum*
	frisch gemahlener Pfeffer
Arbeitsaufwand:	
	etwa 20 Minuten
Garzeit:	
	etwa 30 Minuten

1. Die Fleischtomaten kreuzweise einritzen, ganz kurz in kochendes Wasser geben und anschließend kalt abschrecken. Die Haut abziehen, die Früchte halbieren und die Kerne herausdrücken. Die Tomatenhälften auf Küchenpapier legen, damit sie abtropfen. Oder die Tomaten aus der Dose abtropfen lassen.

2. Die Tomaten grob hacken. In einem großen Topf das Olivenöl erhitzen und die geschälten Knoblauchzehen darin tiefbraun werden lassen. Herausnehmen und wegwerfen.

3. Die grob geschnittenen Tomaten in das Öl geben und bei mittlerer Hitze einkochen lassen, bis der Tomatensaft verdampft und fast nur noch Tomatenpüree übriggeblieben ist. Währenddessen natürlich immer rühren, damit nichts anbrennt.

4. Inzwischen für die Nudeln 3 l Salzwasser zum Kochen bringen. Die Spaghettini darin garen, so daß sie Biß haben, also »al dente« kochen. Richten Sie sich dabei am besten nach der Angabe auf der Packung, sie ist meistens zuverlässig.

5. Die Pasta in ein Sieb abschütten. Dabei einen Rest des Kochwassers zurückbehalten. Dies kann später eventuell noch zur Pasta gemischt werden, falls Ihnen diese zu trocken erscheint.

6. Die Basilikumblätter in grobe Streifen schneiden und unter die Tomaten mischen. Die Spaghettini ebenfalls daruntermischen und alles mit Salz und frisch gemahlenem Pfeffer würzen. Die Nudeln sofort servieren.

Mein Tip:

Die Neapolitaner sind der Meinung, daß eine Pasta »trocken« sein soll. Also nicht so saucig, wie man sie häufig bei uns serviert bekommt. Mein Freund Cesare Canessa: »Wenn die Schüssel leergegessen ist, sollte man sie so wieder in den Schrank stellen können«. Geben Sie geriebenen Parmesan und/oder kaltgepreßtes Olivenöl darüber, je nach Ihrem Geschmack.

Geschmorter Radicchio mit Grana

Verwenden Sie für dieses Gericht möglichst kleine feste Radicchio-Köpfe. Besser noch eignet sich der Trevisano, eine kräftigere und länger gewachsene Radicchio-Sorte aus Treviso. Er wird bei uns allerdings noch nicht überall angeboten.

	Für 4 Personen:
8	*kleine Radicchio-Köpfe*
2 Eßl.	*Pflanzenöl*
	Salz
1 Prise	*Zucker*
1 Eßl.	*Aceto balsamico (Balsamessig)*
80-100g	*Grana (siehe Tip)*
4 Eßl.	*Olivenöl, kalt gepreßt*
	grob gestoßener schwarzer
	Pfeffer
	Arbeitsaufwand:
	etwa 15 Minuten
	Garzeit:
	etwa 10 Minuten

1. Den Backofen auf 180° vorheizen. Die Radicchio-Köpfe putzen und längs halbieren.

2. In einer großen Pfanne das Pflanzenöl erhitzen. Den Radicchio mit der Schnittfläche nach unten hineinlegen. Leicht salzen und den Zucker zufügen. Mit dem Aceto balsamico ablöschen, sofort abdecken und in den heißen Ofen schieben. Die Radicchiohälften 6–8 Minuten schmoren lassen.

3. Den Radicchio herausnehmen und auf vorgewärmten Tellern anrichten. Den Grana mit einem Gurkenhobel in möglichst feinen Scheiben darüber verteilen. Mit dem Olivenöl beträufeln. (Nach Geschmack können Sie auch mehr als die angegebene Menge verwenden.) Den Radicchio zum Schluß mit dem grob gestoßenen Pfeffer bestreuen und sofort servieren.

Mein Tip:

Der Grana ist etwas weicher und im Aroma milder als Parmesan. Er verträgt sich gut mit dem leicht bittersüßen Geschmack von Radicchio. Sie können aber selbstverständlich auch den etwas salzigeren Parmesan verwenden. Zu dieser typischen italienischen Vorspeise trinke ich gerne ein Glas jungen Rotwein aus dem Chianti.

Nudeln mit weissem Trüffelöl

Am besten schmeckt dieses Gericht natürlich mit selbstgemachten, ganz frisch zubereiteten Nudeln. Sie können aber auch fertig gekaufte, extra breite Bandnudeln (Pappardelle) oder Tagliatelle verwenden.

	Für 4 Personen:
	Für den Nudelteig:
300 g	*Mehl*
3	*Eier*
1 Eßl.	*Olivenöl*
1/4 Teel.	*Salz*
	Für die Sauce:
6	*Geflügellebern*
	(insgesamt etwa 400 g)
60 g	*Butter*
4 Eßl.	*Trüffelöl (siehe Tip)*
100 g	*Lauch (geputzt gewogen)*
	Salz
	frisch gemahlener weißer Pfeffer
	Arbeitsaufwand:
	etwa 1 Stunde
	Ruhezeit:
	etwa 30 Minuten
	Garzeit:
	etwa 5 Minuten

1. Für den Nudelteig das Mehl mit den verquirlten Eiern, dem Olivenöl und dem Salz in eine Schüssel geben. Alles entweder von Hand mit einem Rührlöffel vermischen oder mit den Knethaken des Handrührgerätes gründlich verkneten (siehe Seite 10).

2. Anschließend den Teig mit den Händen auf der Arbeitsfläche gut durchkneten, bis er ganz elastisch ist. Mit Folie abdecken und etwa 30 Minuten bei Raumtemperatur ruhen lassen.

3. In der Zwischenzeit die Geflügellebern putzen (siehe Seite 13) und in grobe Stücke zerteilen. Zusammen mit 40 g Butter und dem Trüffelöl im Mixer oder mit dem Pürierstab ganz fein pürieren. Die Masse durch ein Sieb streichen. Die so erhaltene Paste gut abdecken und kalt stellen.

4. Den Lauch waschen und in feine Streifen (Julienne, siehe Seite 11) schneiden.

5. Den Nudelteig auf einer leicht bemehlten Fläche etwa messerrückendick ausrollen. Die Platte ganz leicht mit Mehl bestäuben und aufrollen. Dann in etwa 2 cm breite Streifen schneiden. Die Nudeln auf ein bemehltes Holzbrett legen und etwas, jedoch maximal 30 Minuten, antrocknen lassen.

6. Für die Nudeln reichlich Salzwasser zum Kochen bringen. Die restliche Butter in einem großen Topf aufschäumen lassen. Die Lauchstreifen darin 2–3 Minuten bei mittlerer Hitze dünsten. Den Topf vom Herd nehmen.

7. Die Nudeln in das kochende Wasser geben und etwa 1 Minute köcheln lassen. Keinesfalls länger; da sie frisch bereitet sind, genügt das. Die Nudeln in ein Sieb abschütten.

8. Die Nudeln sofort zum Lauch geben und die Leber-Öl-Paste hinzufügen. Alles vorsichtig mischen, bis die Nudeln gleichmäßig von der Paste überzogen sind. Mit Salz und Pfeffer würzen und sofort servieren.

Mein Tip:

Weiße Trüffeln aus dem Piemont werden bei uns hauptsächlich im Dezember angeboten. Allerdings sind sie horrend teuer. Verwenden Sie deshalb das Öl, das aus weißen Trüffeln bereitet wird. Es hat ein sehr intensives Aroma und wird das ganze Jahr über angeboten. Es genügt wirklich sehr wenig davon, um ein Gericht damit zu aromatisieren.

Raffiniert gefüllt und umhüllt

Marco Polo's Reise nach China hat für uns schon allein dadurch Berechtigung, daß sie uns in Kenntnis der »Nudel« gesetzt hat. Was Jahrhunderte kulinarischer Zivilisation aus dieser einst urchinesischen Teigzubereitung haben werden lassen, ist schlichtweg atemberaubend. Überall auf der Welt wird gefüllt und umhüllt – ob mit Nudelteig oder daraus entwickelten anderen Teigen. Auf meinen Reisen in fremde Länder lasse auch ich mich immer wieder von dieser Kochtechnik inspirieren, und bringe wieder und wieder neue »Nudel–Erfahrungen« mit nach Hause.

Ravioli von Kalbsbries und Zunge

Wichtig ist, daß Sie die Ravioli nicht zu lange kochen; sie müssen noch Biß haben.

Für 6–8 Personen:	
Für die Füllung:	
60–80 g	getrocknete Morcheln
200 g	Kalbsbries
	Salz
200 g	mageres Kalbfleisch (Oberschale)
2	Eier
200 g	Sahne
	frisch gemahlener weißer Pfeffer
	frisch geriebene Muskatnuß
1	Bund Petersilie
200 g	gekochte Kalbszunge
2	Eiweiß
Für die Ravioli:	
250 g	Mehl
2	Eier
1 Eßl.	Olivenöl
1	Prise Salz
2–3 Eßl.	Wasser
Zum Anrichten:	
100 g	Butter
12	Salbeiblätter
Quellzeit:	
	etwa 3 Stunden
Arbeitsaufwand:	
	etwa 1 1/4 Stunden
Garzeit:	
	etwa 30 Minuten

1. Zuerst für die Füllung die Morcheln mit 1 l kaltem Wasser übergießen und etwa 3 Stunden darin quellen lassen.

2. Nach etwa 2 Stunden für den Ravioliteig das Mehl, die Eier, das Olivenöl und das Salz in einer Schüssel mischen und mit den Knethaken des Handrührgerätes gründlich verkneten. Dann auf der Arbeitsfläche mit so viel Wasser mit den Händen kräftig durchkneten, bis ein elastischer Teig entstanden ist. Den Teig in Folie wickeln und etwa 1 Stunde ruhen lassen.

3. Inzwischen für die Füllung das Kalbsbries häuten; die Haut läßt sich ganz leicht ablösen. Reichlich Salzwasser zum Kochen bringen. Das Kalbsbries darin 8–10 Minuten garen. Dann kalt abschrecken und in kleine Stücke zerpflücken.

4. Das Kalbfleisch in etwa 2 cm große Würfel schneiden. Die Würfel etwa 15 Minuten ins Gefrierfach stellen. Dann zusammen mit den Eiern und der Sahne im Mixer sehr fein zerkleinern. Die Masse mit Salz, Pfeffer und etwas Muskat würzen.

5. Die Petersilie waschen, trockenschütteln und fein schneiden. Die Zunge nach Bedarf häuten, dann in etwa 1 cm große Würfel schneiden. Die Morcheln abgießen. Die Stiele abschneiden und wegwerfen. Die Morcheln dann kurz in kochendem Salzwasser blanchieren, in Eiswasser abschrecken und gründlich abtropfen lassen. Die Pilze dann in feine Würfel schneiden.

6. Die Zungenwürfel mit den Briesstükken, den Morcheln und der Petersilie unter die Kalbfleischfarce mischen. Die Masse nochmals würzen.

7. Den Ravioliteig auf einer leicht bemehlten Arbeitsfläche dünn ausrollen. Die Fleischfarce in kleinen Häufchen auf der Hälfte der Fläche verteilen. Die Eiweiße verquirlen und die Zwischenräume damit bestreichen.

8. Die andere Teighälfte darüber klappen und in den Zwischenräumen gut festdrücken. Mit dem Teigrädchen eckige Ravioli ausschneiden oder die Teigtaschen mit einem runden Ravioliausstecher ausstechen.

9. Für die Ravioli etwa 3 l Salzwasser zum Kochen bringen. Die Ravioli darin in 6–8 Minuten garen. Dann mit einem Schaumlöffel herausheben und etwas abtropfen lassen.

10. Die Butter in einer großen Pfanne aufschäumen lassen. Die Salbeiblätter hineingeben. Die Ravioli hinzufügen und kurz in der Salbeibutter schwenken. Die Ravioli in vorgewärmte tiefe Teller geben und mit der Salbeibutter beträufeln. Sofort servieren.

Mein Tip:

Dazu schmeckt am besten ein Weißwein aus der Toskana mit nicht zu viel Säure – zum Beispiel ein »Vernaccia di San Gimignano«.

Getrüffelter Lauchkuchen

Für den Lauchkuchen benötigen Sie nur knapp die Hälfte des im Rezept angegebenen Teiges. Am besten bereiten Sie den Teig aber wie im Rezept angegeben zu, denn nur dann bekommt er die richtige Konsistenz. 1 Ei läßt sich eben schlecht teilen. Der restliche Teig hält sich, in Folie gewickelt, 4–5 Tage im Kühlschrank. Oder Sie frieren ihn einfach ein.

	Für 8 Personen:
1	*Springform von etwa 26 cm Durchmesser*
	Für den Teig:
500 g	*Mehl*
200 g	*zimmerwarme Butter*
1/8 l	*lauwarmes Wasser*
1	*Ei*
1	*kräftige Prise Salz*
	Für den Belag:
400 g	*Lauch (geputzt gewogen)*
100 g	*Butter*
60 g	*Mehl*
1/4 l	*Milch*
250 g	*Sahne*
	Salz
	frisch gemahlener weißer Pfeffer
	frisch geriebene Muskatnuß
60 g	*Perigord-Trüffeln*
6	*Eier*
	Für die Backform:
	etwas Butter und Mehl
	Ruhezeit:
	etwa 3 Stunden
	Arbeitsaufwand:
	etwa 40 Minuten
	Backzeit:
	etwa 35 Minuten

1. Für den Teig das Mehl in eine Schüssel füllen. Die Butter kleinschneiden und rundherum an den Rand setzen. In die Mitte das Wasser und das Ei geben. Das Salz hinzufügen.

2. Alles mit den Händen oder mit den Knethaken des Handrührgerätes zu einem festen Teig verkneten. Den Teig in Folie wickeln und etwa 3 Stunden im Kühlschrank ruhen lassen.

3. Dann für den Belag den Lauch waschen und quer in feine Ringe schneiden. Etwa 80 g Butter in einem Topf aufschäumen lassen. Den Lauch hinzufügen und darin unter Rühren glasig werden lassen.

4. Das Mehl darüber stäuben und anschwitzen. Mit der Milch und der Sahne ablöschen und alles bei starker Hitze kurz kräftig durchkochen lassen. Die Masse in eine Schüssel füllen, mit Salz, Pfeffer und Muskat würzen und etwas auskühlen lassen.

5. In der Zwischenzeit die Trüffeln mit einer weichen Zahnbürste sauberbürsten. Wenn Sie konservierte Trüffel verwenden, entfällt diese Arbeit. Die Trüffeln zuerst in dünne Scheiben, dann in streichholzfeine Stifte schneiden.

6. In einem kleinen Topf die restliche Butter erhitzen. Die Trüffelstreifen dazugeben, den Deckel auflegen und die Streifen bei schwacher Hitze 3–4 Minuten dünsten. Den Topf vom Herd nehmen und beiseite stellen.

7. Den Backofen auf 160° vorheizen. Die Backform einfetten und ganz leicht mit Mehl ausstäuben. Knapp die Hälfte des Teiges auf der leicht bemehlten Arbeitsfläche 2–3 mm dick ausrollen. Die Backform damit auslegen. Überstehende Ränder abschneiden, die Reste zu dem übrigen Teig geben.

8. Die Trüffelstreifen zusammen mit den Eiern sorgfältig unter die Lauchmasse rühren. Nochmals nachwürzen. Die Masse in die Backform gießen und glattstreichen.

9. Den Lauchkuchen in den vorgeheizten Backofen (Mitte) schieben und etwa 35 Minuten backen. Er ist fertig, wenn sich die Masse fest anfühlt. Aus dem Ofen nehmen und 5–10 Minuten ruhen lassen. Dann aus der Form lösen und in Portionsstücke schneiden. Noch warm servieren.

Mein Tip:

Servieren Sie zu dieser Vorspeise ein Gläschen gekühlten »Madeira«.

Fritierte Gemüse

Ganz wichtig: die Gemüse müssen vollkommen trocken sein, sonst bleibt der Ausbackteig nicht daran haften.

Für 4 Personen:	
Für den Teig:	
125 g	*Mehl*
1	*Eigelb*
1	*Prise Salz*
1/8 l	*Wasser*
1	*Eiweiß*
Für das Gemüse:	
2	*große Möhren*
150 g	*Austernpilze*
etwa 8	*Champignons*
1	*kleiner Zucchino*
200 g	*Blumenkohl (geputzt gewogen)*
1	*Bund krause Petersilie*
Zum Fritieren:	
	etwa
500 g	*Butterschmalz*
	oder Pflanzenöl
Arbeitsaufwand:	
	etwa 30 Minuten
Garzeit:	
	etwa 20 Minuten

1. Für den Teig in einer Schüssel das Mehl mit dem Eigelb, dem Salz und dem Wasser zu einem glatten Teig verrühren. Den Teig abgedeckt etwa 30 Minuten quellen lassen. Dann das Eiweiß steif schlagen und unterheben.

2. In der Zwischenzeit die Gemüse vorbereiten. Die Möhren schälen und längs vierteln. Dann in etwa fingerlange Stifte schneiden. Die Austernpilze und die Champignons mit einem Küchenpapier abreiben, die Stielenden entfernen. Große Pilze in mundgerechte Stücke zerteilen. Den Zucchino waschen und quer in knapp fingerdicke Scheiben schneiden. Den Blumenkohl waschen und in kleine Röschen zerteilen. Die Petersilie waschen und gut trockenschütteln. Eventuell zusätzlich mit einem Küchentuch trockentupfen.

3. In einem großen Topf oder in der Friteuse das Butterschmalz oder das Pflanzenöl erhitzen. Es muß so viel flüssiges Fett sein, daß das Gemüse darin schwimmend ausgebacken werden kann.

4. Das Gemüse und die Petersilie nach Sorten getrennt in den Teig tauchen, etwas abtropfen lassen und im heißen Fritierfett in 2–3 Minuten goldgelb ausbacken.

5. Das gebackene Gemüse mit einem Schaumlöffel herausheben und auf Küchenpapier setzen, damit überschüssiges Fett abtropfen kann. Das Gemüse leicht salzen und pfeffern, dann sofort servieren.

Mein Tip:

Zu dem Gemüse paßt entweder eine Sojasauce, ganz pur, oder eine Kräutersauce aus Joghurt und etwas Crème fraîche, mit Zitronensaft schön säuerlich abgeschmeckt.
Außer den in diesem Rezept verwendeten Gemüsen eignen sich zum Ausbacken: Auberginen, frische Shiitake-Pilze, Kohlrabi oder Sellerie. Und wenn es einmal üppiger sein soll, können Sie auch kleine Scampi, Kalbsbries oder Kalbshirn ausbacken.

Crêpes mit Muschelragout

Damit die Crêpes wirklich dünn werden, muß der Teig einige Zeit im Kühlschrank ruhen.

Für 4 Personen:	
Für die Crêpes:	
1/4 l	*Milch*
100 g	*Mehl*
6	*Eier*
2 Eßl.	*geschmacksneutrales Pflanzenöl*
1	*Prise Salz*
	Öl zum Backen der Crêpes
Für das Muschelragout:	
je 1 kg	*Mies- und Venusmuscheln*
je 40 g	*Möhren und Lauch*
	(beides geputzt gewogen)
40 g	*Butter*
100 ml	*Weißwein*
100 ml	*Noilly Prat (trockener*
	französischer Wermut)
10	*Safranfäden*
200 g	*Sahne*
4	*ausgelöste Jakobsmuscheln*
2 Eßl.	*Estragon, fein geschnitten*
	Salz
	frisch gemahlener weißer Pfeffer
Arbeitsaufwand:	
	etwa 1 Stunde
Ruhezeit:	
	etwa 3 Stunden
Garzeit:	
	etwa 40 Minuten

1. Für den Teig in einer Schüssel die Milch mit dem Mehl glattrühren. Die Eier mit einem Schneebesen nach und nach unterrühren. Das Öl und das Salz untermischen. Den dünnflüssigen Teig zugedeckt etwa 3 Stunden im Kühlschrank ruhen lassen.

2. Nach etwa 2 Stunden die Muscheln unter fließendem kaltem Wasser gründlich abbürsten. Dann in einem Sieb abtropfen lassen. Bereits geöffnete Muscheln wegwerfen.

3. Das Gemüse waschen, putzen und in sehr feine Würfel schneiden. Die Butter in einem großen, breiten Topf aufschäumen lassen. Das Gemüse hinzufügen und anschwitzen. Die Muscheln hinzufügen, mit dem Weißwein und dem Noilly Prat aufgießen. Die Muscheln zugedeckt bei starker Hitze 4–5 Minuten garen.

4. Die Muscheln dann mit einem Schaumlöffel herausheben. Die Safranfäden unter den Fond mischen. Den Fond bei mittlerer Hitze auf etwa ein Drittel einkochen lassen.

5. In der Zwischenzeit die Muscheln aus den Schalen lösen. Dabei Muscheln, die noch geschlossen sind, wegwerfen. Die ausgelösten Jakobsmuscheln in Scheiben schneiden.

6. Die Sahne zum eingekochten Fond gießen und erwärmen. Alle Muscheln hineingeben und darin erwärmen. Den Estragon zufügen und alles mit Salz und Pfeffer würzen. Das Ragout warm stellen.

7. In einer Pfanne von etwa 16 cm Durchmesser nacheinander aus dem Teig Crêpes ausbacken.

8. Die Crêpes auf Tellern anrichten, zur Hälfte mit Muschelragout füllen und zusammenklappen. Die Crêpes sofort servieren.

Mein Tip:

Die Crêpes müssen Sie nacheinander ausbacken. Zum Warmhalten die Crêpes auf einem Teller übereinanderlegen und mit einem Stück Butterpapier (von einem Butterpäckchen) oder Alufolie abdecken. Die Crêpes im heißen Ofen bei geöffneter Backofentür warm stellen. Erst wenn alle gebacken sind, die Crêpes anrichten. Dazu schmeckt ein trockener weißer Bordeaux, zum Beispiel ein »Entre-deux-Mers«.

Kohlröllchen mit Lammfüllung

Den besonderen Pfiff bekommen die kleinen Rouladen durch das Lammfleisch.

	Für 4 Personen:
1	*kleiner Kopf Weißkraut*
	Salz
350 g	*Lammschulter*
2	*Eier*
100 g	*Sahne*
2	*Eiswürfel*
	frisch gemahlener weißer Pfeffer
	edelsüßes Paprikapulver
6 Eßl.	*Olivenöl*
2	*Knoblauchzehen*
2	*Zweige Thymian*
1	*gestrichener Eßl. Kümmelkörner*
1	*Schalotte*
250 g	*Pfifferlinge*
2 Eßl.	*Butter*
1/2	*Bund Petersilie*
	Arbeitsaufwand:
	etwa 40 Minuten
	Garzeit:
	etwa 30 Minuten

1. Vom Weißkraut den Strunk keilförmig herausschneiden. In einem großen Topf reichlich Salzwasser zum Kochen bringen. Den Krautkopf in das Wasser geben und so lange blanchieren, bis sich die äußeren Blätter ablösen lassen. Das dauert einige Minuten. Insgesamt brauchen Sie 8 gleichmäßige, nicht zu große Blätter.

2. Die abgelösten Blätter sofort mit kaltem Wasser abschrecken. Die dicken Blattrippen herausschneiden und die Blätter zum Abtropfen auf ein Küchentuch legen.

3. Das Lammfleisch in etwa 1 1/2 cm große Würfel schneiden, dann im Mixer oder elektrischen Zerkleinerer durchmixen. Die Eier, die Sahne und die Eiswürfel hinzufügen und alles pürieren, bis eine cremige Farce entstanden ist. Die Farce mit Salz, Pfeffer und Paprikapulver kräftig abschmecken.

4. Den Backofen auf 160° vorheizen. Die Krautblätter auf die Arbeitsfläche legen, dabei die keilförmige Öffnung (die durch das Herausschneiden der Blattrippen entstanden ist) durch Übereinanderlegen der Blatteile schließen. Je 1 guten Eßlöffel Farce auf jedes Blatt geben.

5. Die Seiten der Blätter rundherum leicht einschlagen, dann die Blätter zu kleinen Rouladen aufrollen. Die Röllchen mit Küchenzwirn wie Rouladen fest zusammenbinden. Die Rouladen rundherum salzen und pfeffern.

6. Das Olivenöl in einem Bräter erhitzen. Die ungeschälten Knoblauchzehen, den Thymian und den Kümmel hinzufügen. Die Krautröllchen dazugeben und rundherum kräftig anbraten. Den Deckel auflegen und den Bräter in den Backofen schieben. Die Röllchen in etwa 20 Minuten garen.

7. Inzwischen die Schalotte schälen und fein hacken. Die Pfifferlinge putzen, große Pilze halbieren oder vierteln.

8. Die Butter in einer großen Pfanne erhitzen. Die Schalotte hinzufügen und bei mittlerer Hitze weich dünsten. Die Pilze hinzufügen und bei starker Hitze etwa 3 Minuten braten. Die Pilze salzen und pfeffern.

9. Die Petersilie waschen, von den Stielen zupfen und fein schneiden. Über die Pilze streuen. Die Kohlröllchen aus dem Bräter heben und mit den Pilzen auf Tellern anrichten.

Mein Tip:

Das Lammfleisch können Sie nach Belieben auch durch Rind- oder Kalbfleisch ersetzen. Allerdings fehlt den Röllchen dann das gewisse Etwas. Servieren Sie zu den Röllchen einen badischen Spätburgunder oder einen »Beaujolais-Chiroubles«. Beide sollten Sie gekühlt anbieten.

Fritierte Teigtäschchen mit Huhn und Shiitake-Pilzen

Diese Teigtäschchen sehen witzig aus und schmecken einfach köstlich.

	Für 4 Personen:
	Für die Täschchen:
1	*Möhre*
1	*Knoblauchzehe*
1	*Lauchstange*
100 g	*Sojabohnenkeimlinge*
100 g	*frische Shiitake- oder Austernpilze*
2 Eßl.	*Sesamöl*
250 g	*ausgelöste Hühner- oder Putenbrust (gut gekühlt!)*
	Salz, frisch gemahlener Pfeffer
	etwas abgeriebene unbehandelte Zitronenschale
1	*Ei*
2 Eßl.	*Crème fraîche*
3–4	*Stengel frischer Koriander*
1	*kräftige Prise gemahlener Chili*
16	*runde Reisblätter (12–15 cm Durchmesser)*
1	*Eiweiß*
	Für die Sauce:
50 g	*frische Ingwerwurzel*
1 Eßl.	*Erdnußöl*
4 Eßl.	*Pflaumenmus*
4 Eßl.	*trockener Sherry*
	Salz, frisch gemahlener Pfeffer
	wenig Zitronensaft
1 Eßl.	*ungesalzene Erdnußkerne*
	Zum Fritieren:
750 g	*hoch erhitzbares Pflanzenfett*
	Arbeitsaufwand:
	etwa 1 Stunde
	Garzeit:
	etwa 15 Minuten

Die Reisblätter, die Sie zur Zubereitung dieser Täschchen brauchen, können Sie in gut sortierten Feinkostgeschäften oder in speziellen Asienläden kaufen. Wenn Sie die Mühe nicht scheuen, können Sie als Ersatz auch folgenden Teig selbst zubereiten: 250 g Mehl mit 2 Eiern und 1 kräftigen Prise Salz in der Küchenmaschine oder mit den Knethaken des Handrührers gründlich verkneten. Eventuell tropfenweise etwas Wasser zufügen, falls der Teig zu fest sein sollte. Anschließend auf der Arbeitsfläche mit den Händen kräftig durchkneten.

Sie können den Teig dann in kleinen Portionen von Hand mit dem Nudelholz ausrollen. Die Arbeitsfläche dazu dünn mit Mehl bestäuben und den Teig so hauchdünn wie für einen Strudel ausrollen. Er soll richtig durchscheinend sein.

Den Teig dann zweckmäßigerweise nicht in runde, sondern quadratische Platten schneiden (etwa 10 cm groß). Mit der Nudelmaschine läßt sich der Teig aber auch gut ausrollen. Dabei wie bei der normalen Nudelherstellung beim ersten Durchdrehen den größten Walzenabstand wählen. Dann nach und nach verkleinern, bis ganz dünne Teigbänder entstehen. Diese dann in Quadrate schneiden. Lassen Sie die fertigen Teigplatten nicht zu lange offen liegen. Der Teig trocknet aus, bricht leicht und läßt sich nicht mehr zum Säckchen falten. Sie können die Platten dünn mit Mehl bestäuben, aufeinanderlegen und mit Folie abdecken, damit sie schön frisch bleiben.

Nehmen Sie zum Fritieren keinen allzu großen Topf. Sie brauchen sonst zu viel Fett. Und lassen Sie die fertigen Täschchen zuerst gut über dem Topf abtropfen, bevor Sie sie auf Küchenpapier setzen. Hier kann überschüssiges Fett am besten aufgesogen werden. Statt der Pflaumensauce können Sie auch eine Chilisauce (gibt es als Fertigprodukt in sehr guter Qualität zu kaufen) zu den knusprigen Täschchen servieren.

1. Die Möhre und den Knoblauch schälen. Die Möhre längs in möglichst feine Scheiben schneiden. Diese zuerst in Streifen, dann in ganz feine Würfelchen schneiden. Den Knoblauch ganz fein hacken.

2. Den Lauch gründlich waschen. Den grünen Teil abschneiden und beiseite legen. Die hellen Blätter ebenfalls zuerst in feine Streifen, dann in kleine Würfel schneiden.

3. Die Sojabohnenkeimlinge waschen und gut abtropfen lassen. Die Pilze putzen, nur wenn nötig, waschen und gut abtropfen lassen. In ganz feine Streifen schneiden.

4. Das Öl in einer großen Pfanne erhitzen. Das gesamte Gemüse, den Knoblauch und die Keimlinge dazugeben und bei starker Hitze etwa 2 Minuten braten. Dabei ständig mit einem Kochlöffel rühren. Das Gemüse aus der Pfanne nehmen und beiseite stellen.

5. Die Hühner- oder die Putenbrust in Würfel schneiden. Mit Salz, Pfeffer und ganz wenig abgeriebener Zitronenschale würzen. Die Fleischwürfel in den Mixer oder die Küchenmaschine füllen. Das Ei und die Crème fraîche hinzufügen.

6. Alles ganz fein pürieren. Die Farce nochmals nachwürzen. Den Koriander fein hacken und untermischen. Dann so viel Chilipulver zufügen, daß die Farce eine leichte Schärfe erhält. Das gebratene Gemüse daruntermischen.

7. Die dunklen Lauchblätter kurz in kochendes Wasser geben und kalt abschrecken. Abtropfen lassen und längs in feine Streifen schlitzen. Die Reisblätter 3 Minuten in kaltem Wasser einweichen. Dann trockentupfen. Die Blätter am Rand mit verquirltem Eiweiß bestreichen. Je 1 Eßlöffel Füllung in die Mitte geben.

8. Das Blatt zusammenschlagen und mit einem Lauchstreifen gut zubinden.

9. Den Ingwer schälen und fein hacken. Das Öl erhitzen und den Ingwer darin dünsten. Das Pflaumenmus und den Sherry hinzufügen. Einmal kräftig aufkochen. Mit Salz, Pfeffer und wenig Zitronensaft abschmecken. Die Erdnußkerne hacken. Die Sauce mit den Erdnußkernen bestreuen.

10. Das Fritierfett erhitzen. Es hat die richtige Temperatur, wenn an einem Holzlöffelstiel kleine Bläschen aufsteigen. Die Täschchen im Fett portionsweise etwa 2 Minuten fritieren. Mit einem Schaumlöffel herausheben und auf Küchenpapier abtropfen lassen. Mit der Sauce servieren.

Quiche lorraine

So ein warmer pikanter Kuchen schmeckt auch mal gut als kleines Abendessen.

	Für 8 Personen:
1	*Springform von 26 cm Ø*
	Für den Teig:
200 g	*Mehl*
100 g	*kalte Butter*
1	*Eigelb*
1	*Prise Salz*
3–4 Eßl.	*Wasser*
	Für den Belag:
150 g	*durchwachsener Speck*
	(vom Metzger in 1/2 cm dicke
	Scheiben schneiden lassen)
100 g	*Greyezer oder Appenzeller*
3	*Eier*
2	*Eigelb*
200 ml	*Milch*
200 g	*Crème double*
	Salz
	frisch gemahlener Pfeffer
	frisch geriebene Muskatnuß
	Für die Backform:
	etwas Butter und Mehl
	Linsen oder andere Hülsen-
	früchte zum Blindbacken
	Arbeitsaufwand:
	etwa 40 Minuten
	Ruhezeit:
	etwa 2 Stunden
	Backzeit:
	etwa 50 Minuten

1. Für den Teig das Mehl auf die Arbeitsfläche häufen. Die Butter in kleine Stücke schneiden und obenauf setzen. Das Eigelb in die Mitte geben. Das Salz hinzufügen, das Wasser darüber träufeln.

2. Alle diese Zutaten mit einem großen Messer fein bröselig hacken, dann rasch mit den Händen zu einem Teig verkneten. Den Teig in Folie wickeln und etwa 2 Stunden im Kühlschrank ruhen lassen.

3. Für den Belag den Speck in 1/2 cm große Würfel schneiden. Die Würfel in einer Pfanne bei schwacher Hitze erst glasig, dann knusprig braten. Beiseite stellen und abkühlen lassen. Den Käse grob raffeln.

4. In einer hohen Schüssel die Eier, die Eigelbe, die Milch und die Crème double kräftig verquirlen. Die Masse mit Salz, Pfeffer und etwas Muskat kräftig abschmecken.

5. Den Backofen auf 180° vorheizen. Die Backform einfetten und mit Mehl ausstäuben. Den Teig auf der leicht bemehlten Arbeitsfläche etwa 3 mm dünn ausrollen. Die Form damit auslegen. Den Teigboden mit einer Gabel mehrmals einstechen.

6. Ein Stück Alufolie einfetten und mit der gefetteten Seite nach unten auf den Mürbeteig legen. Oder mit Backpapier auslegen (ebenfalls die gefettete Seite nach unten). So viele Linsen oder andere Hülsenfrüchte einfüllen, daß sie etwa zwei Finger hoch in der Form stehen.

7. Den Teigboden in den heißen Backofen (unten) schieben und etwa 15 Minuten blind backen. Kurz abkühlen lassen, dann die Hülsenfrüchte ausschütten und die Folie oder das Papier vorsichtig entfernen.

8. Die Speckwürfel auf dem Teigboden verteilen. Die Käseraspel darüber streuen. Die Eiermilch nochmals durchquirlen und darüber gießen. Die Quiche im heißen Backofen in weiteren 30–35 Minuten fertigbacken. Kurz ruhen lassen, dann aus der Form lösen und in Stücke schneiden. Sofort servieren.

Mein Tip:

Servieren Sie zur warmen Quiche einen kleinen Salat. Je nach Saison zum Beispiel Feldsalat, Endivie oder Frisée, angemacht mit einer milden Vinaigrette aus Traubenkernöl und Himbeeressig.

Glücksrollen mit Gemüse und Shiitake-Pilzen

Reisblätter gibt es in gut sortierten Feinkostgeschäften oder in speziellen Asienläden zu kaufen.

	Für 4 Personen:
2	*Knoblauchzehen*
1	*Stück frischer Ingwer*
	(etwa 80 g)
3	*Möhren*
1	*Stück Knollensellerie (150 g)*
1	*Bund Frühlingszwiebeln*
200 g	*frische Shiitake-Pilze*
150 g	*Sojabohnenkeimlinge*
2–3 Eßl.	*Erdnußöl zum Braten*
3–4 Eßl.	*Sesamöl*
1	*Schuß Sojasauce*
	Salz
	frisch gemahlener Pfeffer
16–20	*Reisblätter (etwa 15 cm Ø)*
	Zum Servieren:
	einige schöne grüne Salatblätter
	nach Belieben Soja-
	oder Chilisauce
	Arbeitsaufwand:
	etwa 1 Stunde
	Garzeit:
	etwa 5 Minuten

1. Den Knoblauch und den Ingwer schälen und sehr fein hacken. Die Möhren und den Sellerie ebenfalls schälen und in streichholzfeine Streifen schneiden.

2. Die Frühlingszwiebeln putzen, waschen, längs halbieren und ebenfalls in feine Streifen schneiden. Die Shiitake-Pilze putzen und, nur wenn nötig, waschen, dann fein streifig schneiden. Die Keimlinge in einem Sieb waschen und gut abtropfen lassen.

3. Das Erdnußöl in einer großen Pfanne erhitzen. Nacheinander nun die verschiedenen Gemüsesorten getrennt je etwa 1 Minute bei ganz starker Hitze in der Pfanne braten. Jeweils herausnehmen und alles in eine Schüssel geben. Den Knoblauch und den Ingwer ganz zum Schluß braten und untermischen. Die Gemüsefüllung mit dem Sesamöl, der Sojasauce, Salz und Pfeffer kräftig abschmecken.

4. Die Reisblätter 2–3 Minuten in kaltem Wasser einweichen. Dann zwischen zwei Küchentüchern trockenpressen und auf die Arbeitsfläche legen.

5. Jeweils 1 Eßlöffel Füllung in die Mitte der Blätter geben. Die Seiten über der Füllung zusammenschlagen und die Blätter dann zu festen Päckchen aufrollen. Die Röllchen auf einer mit Salatblättern ausgelegten Platte anrichten und mit Sojasauce oder Chilisauce servieren.

Mein Tip:

Diese Röllchen essen Sie am besten direkt aus der Hand. Dafür jeweils an einem Ende mit einem Salatblatt umwickeln und ganz nach Geschmack in Soja- oder Chilisauce stippen. Vielleicht haben Sie keine Möglichkeit, Reisblätter in Ihrer Nähe zu kaufen. Dann behelfen Sie sich einfach mit kleinen, ganz dünnen Pfannenkuchen: Rühren Sie aus 2 Eiern und so viel Mehl, wie die Eier gerade aufnehmen, einen dickflüssigen Teig. Dann langsam so viel Milch dazugießen, bis der Teig ganz flüssig ist. Mit 1 Prise Salz würzen und etwa 30 Minuten quellen lassen. Anschließend in einer sehr heißen Pfanne mit wenig Fett möglichst dünne, handtellergroße Pfannkuchen ausbacken. Oder Sie backen große Pfannkuchen und vierteln diese vor dem Füllen. Die fertigen Pfannkuchen gut abkühlen lassen, dann aufeinanderlegen und in Frischhaltefolie verpacken, damit sie nicht austrocknen. Übrigens: die Röllchen schmecken auch fritiert sehr gut. Wickeln Sie sie möglichst fest, damit keine Füllung herausquellen kann. Zum Fritieren können Sie ein hocherhitzbares Pflanzenfett oder Butterschmalz verwenden. Das Fett hat die richtige Temperatur, wenn an einem Holzlöffelstiel, den Sie ins heiße Fett halten, kleine Bläschen aufsteigen. Wir trinken zu den Glücksrollen am liebsten grünen Tee oder ein kühles Pils.

Geschmälzte Maultaschen

Ein typisch schwäbisches Gericht. Als Vorspeise werden die Maultaschen in der Fleischbrühe serviert, mit Zwiebeln und Butter »abgeschmälzt«. Wenn Sie daraus mal ein Hauptgericht machen wollen, reicht das Rezept für 4 Personen. Außerdem gehört dann unbedingt ein Kartoffelsalat, angemacht mit einer Vinaigrette, dazu!

Für 6–8 Personen:

	Für den Nudelteig:
250 g	Mehl
1	Ei
2 Eßl.	Öl
	Salz
ca. 1/16 l	Wasser
1	Eiweiß
	Für die Füllung:
1	altbackenes Brötchen
200 ml	Milch zum Einweichen
1	Zwiebel
1	Knoblauchzehe
1	Bund Petersilie
500 g	Spinat
100 g	durchwachsener Speck in Scheiben
2 Eßl.	Butter
250 g	gemischtes Hackfleisch
100 g	Kalbsbrät
3 Eßl.	Crème fraîche
	Salz
	frisch gemahlener weißer Pfeffer
	frisch geriebene Muskatnuß
	Zum Schmälzen:
3	mittelgroße Zwiebeln
125 g	Butter

	Zum Servieren:
3/4 l	heiße Fleischbrühe (siehe Seite 9)
	Ruhezeit:
	etwa 30 Minuten
	Arbeitsaufwand:
	etwa 1 1/2 Stunden
	Garzeit:
	etwa 20 Minuten

1. Für den Nudelteig das Mehl mit dem Ei, dem Öl und 1 kräftigen Prise Salz vermischen. So viel Wasser darunterkneten, bis ein fester zäher Teig entstanden ist. Den Nudelteig in Frischhaltefolie wickeln und etwa 30 Minuten ruhen lassen.

2. Für die Füllung das Brötchen in der Milch einweichen. Die Zwiebel und die Knoblauchzehe schälen und fein hacken. Die Petersilie und den Spinat waschen und in einem Küchentuch oder einer Salatschleuder gut trockenschleudern.

3. Beides anschließend im Mixer oder in der Küchenmaschine ganz fein pürieren. Das Püree in ein feines Sieb geben und abtropfen lassen.

4. Den Speck in kleine Würfel schneiden. Die Butter in einer Pfanne aufschäumen lassen. Den Speck darin bei mittlerer bis starker Hitze auslassen. Dann die Zwiebel und den Knoblauch hinzufügen und bei schwacher Hitze dünsten, bis sie weich sind. Abkühlen lassen.

5. In einer Schüssel das Hackfleisch mit dem Brät, der angedünsteten Zwiebel und dem Knoblauch sowie dem Spinatpüree und der Créme fraîche kräftig vermischen. Die Füllung mit Salz, Pfeffer und 1 Prise Muskat kräftig abschmecken.

6. Den Nudelteig auf der leicht bemehlten Arbeitsfläche etwa messerrückendick ausrollen. Jeweils 1 guten Eßlöffel Füllung im Abstand von etwa 10 cm auf der Hälfte der Nudelplatte verteilen.

7. Das Eiweiß verquirlen und die Zwischenräume damit bepinseln. Die andere Teighälfte darüber schlagen und in den Zwischenräumen mit den Fingerspitzen fest andrücken. Dann mit einem Teigrädchen in die einzelnen Maultaschen schneiden.

8. Die Teigtäschchen in leicht gesalzenes kochendes Wasser geben. Bei schwacher Hitze in 10–12 Minuten darin garen.

9. In der Zwischenzeit die Zwiebeln schälen und in feine Würfel schneiden. Die Butter in einer Pfanne aufschäumen lassen. Die Zwiebeln darin unter gelegentlichem Rühren bei mittlerer bis schwacher Hitze goldgelb dünsten. Die Fleischbrühe erhitzen.

10. Die Maultaschen mit einem Schaumlöffel aus dem Garwasser heben und in vorgewärmte tiefe Teller geben. Mit der Fleischbrühe aufgießen und mit der Schmälze garnieren. Die Maultaschen sofort servieren.

Gemüsestrudel mit fränkischem Grünkern

Eine eher deftige Vorspeise, die Sie nach Belieben auch einmal als kleines Abendessen servieren können.

Für 6–8 Personen:	
Für den Teig:	
400 g	*Mehl*
1	*Ei*
20 g	*weiche Butter*
1/4 l	*lauwarmes Wasser*
1	*Prise Salz*
Für die Füllung:	
je 150 g	*große Champignons, Möhren, Lauch und Staudensellerie (alles geputzt gewogen)*
2 Eßl.	*Butter*
	Salz
	frisch gemahlener Pfeffer
	frisch geriebene Muskatnuß
30	*ausgesuchte, große Spinatblätter*
2 Eßl.	*Pflanzenöl*
1	*Knoblauchzehe*
Zum Bestreichen:	
50 g	*zerlassene Butter*
Für den Grünkern:	
1	*Schalotte*
1 Eßl.	*Butter*
100 g	*Grünkern*
3/4 l	*Geflügelbrühe (siehe Seite 9)*
	Salz
	frisch gemahlener weißer Pfeffer
	frisch geriebene Muskatnuß
1/2	*Bund Petersilie*
Arbeitsaufwand:	
	etwa 1 1/2 Stunden
Garzeit:	
	etwa 40 Minuten
Backzeit:	
	etwa 45 Minuten

1. Für den Teig alle Zutaten in eine Schüssel füllen und mit den Knethaken des Handrührgerätes zu einem festen Teig verkneten. Den Teig dann auf der Arbeitsfläche kräftig durchkneten, bis er sehr elastisch ist.

2. Den Teig in Folie wickeln und etwa 30 Minuten ruhen lassen.

3. Inzwischen für die Füllung die Champignons, die Möhren, den Lauch und den Sellerie putzen, waschen und in sehr feine Streifen (Julienne, siehe Seite 11) schneiden. Die Butter in einer großen Pfanne erhitzen und die Gemüsestreifen darin anschwitzen. Mit Salz, Pfeffer und Muskat abschmecken, dann auf Küchenpapier ausbreiten und abkühlen lassen.

4. Die Spinatblätter waschen und gut abtropfen lassen. Das Öl in einer Pfanne erhitzen. Die Knoblauchzehe schälen und in dem Öl kurz anbraten.
Die Spinatblätter hinzufügen und unter Wenden kurz anbraten, bis sie zusammenfallen. Die Blätter mit Salz und Pfeffer würzen, dann ebenfalls auf Küchenpapier oder auf einem Küchentuch ausbreiten und abtropfen lassen.

5. Den Backofen auf 180° vorheizen. Ein Küchentuch anwärmen (in Alufolie wickeln und in den Backofen legen) und mit etwas Mehl bestäuben. Den Teig darauf sehr dünn ausrollen. Die Teigplatte mit der zerlassenen Butter bestreichen; sie läßt sich dann leichter ausziehen, weil sie elastischer wird. Den Teig mit den Händen möglichst dünn ausziehen, er soll durchscheinend sein.

6. Die Spinatblätter auf dem Teig auslegen. Die Gemüsestreifen darauf verteilen. Den Strudel an den Seiten rundherum etwa 3 cm breit nach innen klappen. Den Teig dann durch Anheben des Tuches aufrollen. Ein Backblech fetten oder mit Backpapier auslegen. Den Strudel daraufgeben.

7. Den Strudel im vorgeheizten Backofen (Mitte) etwa 45 Minuten backen.

8. Inzwischen die Schalotte schälen und fein hacken. Die Butter in einem Topf aufschäumen lassen. Die Schalotte darin glasig dünsten. Den Grünkern hinzufügen und kurz anbraten.

9. Die Geflügelbrühe angießen und einmal aufkochen lassen. Den Grünkern bei mittlerer Hitze zugedeckt etwa 35 Minuten köcheln lassen, bis er weich ist. Die Brühe soll etwas gebunden, der Grünkern »saucig« sein. Den Grünkern mit Salz, Pfeffer und etwas Muskat würzen.

10. Den Strudel aus dem Ofen nehmen und schräg in Scheiben schneiden. Den Strudel auf vorgewärmten Tellern anrichten. Die Petersilie waschen, grob hacken und mit dem Grünkern mischen. Den Grünkern nochmals aufkochen und als Sauce neben den Strudel gießen. Sofort servieren.

Mein Tip:

Trinken Sie dazu am besten einen gereiften (3–4 Jahre alt) grünen »Veltliner« aus der Wachau.

Gefüllte Endivienblätter mit Lachs

Eine raffinierte Vorspeise, die bei der Zubereitung ein wenig Geduld und Fingerspitzengefühl erfordert.

Für 4 Personen:	
Für die Röllchen:	
8	*große Endivienblätter*
	(äußere Blätter)
	Salz
400 g	*Lachsfilet*
	frisch gemahlener weißer Pfeffer
	frisch geriebene Muskatnuß
1	*Eiswürfel*
2	*Eier*
200 g	*Sahne*
ca. 50 g	*zerlassene Butter*
	Klarsichtfolie zum Verpacken
Für die Sauce:	
1	*Schalotte*
1/4 l	*kräftiger Rotwein*
100 ml	*Portwein*
100 g	*kalte Butter*
2	*Stiele Estragon*
Arbeitsaufwand:	
	etwa 40 Minuten
Garzeit:	
	etwa 40 Minuten

1. Für die Röllchen die Endivienblätter waschen. Dann für 10–20 Sekunden in kochendes Salzwasser tauchen. Die Blätter sofort wieder herausheben und in Eiswasser abschrecken. Nebeneinander auf einem Küchentuch ausbreiten und gut abtropfen lassen.

2. Das Lachsfilet in grobe Würfel schneiden. In eine Schüssel füllen, zudecken und für etwa 10 Minuten ins Gefrierfach stellen. Anschließend mit Salz, Pfeffer und Muskat würzen.

3. Die Fischwürfel portionsweise mit dem grob zerkleinerten Eiswürfel im Mixer oder in der Küchenmaschine ganz fein pürieren. Die Eier untermixen. Die Sahne dazugießen und alles noch einmal gründlich durchmixen. Die Farce eventuell nachwürzen.

4. Die Endivienblätter vorsichtig mit der zerlassenen Butter bepinseln. Ganz leicht mit Salz und Pfeffer bestreuen. Jeweils etwas von der Lachsmousse in der Mitte der Blätter verteilen. Die Seiten einschlagen, damit nichts von der Füllung herausquellen kann. Die Blätter dann wie Rouladen aufrollen.

5. Jedes Röllchen in ein kleines Stück Klarsichtfolie einwickeln. In einem flachen, möglichst großen Topf Wasser zum Kochen bringen. Die Röllchen hineinlegen und bei schwacher Hitze im heißen, aber nicht kochenden Wasser 15–20 Minuten pochieren.

6. In der Zwischenzeit für die Sauce die Schalotte schälen und fein hacken. Zusammen mit dem Rot- und dem Portwein in einen Topf geben. Alles bei starker Hitze so lange köcheln lassen, bis sich die Flüssigkeit auf ein Drittel der Menge reduziert hat.

7. Die Butter in Stückchen teilen und nach und nach mit einem Schneebesen unter die Sauce schwenken, damit sie bindet. Mit Salz und Pfeffer abschmecken. Die Estragonblätter von den Stielen zupfen und unterrühren.

8. Die Röllchen aus der Folie wickeln, jeweils schräg durchschneiden und auf vorgewärmten Tellern anrichten. Mit der Rotweinsauce umgießen und sofort servieren.

Mein Tip:

Trinken Sie dazu einen frischen jungen »Spätburgunder« aus dem Rheingau, den Sie am besten erst kurz vorher aus dem Keller holen.

Der Inhalt des Buches von A bis Z

Hier stehen die Rezepttitel und Sachbegreiffe in alphabetischer Reihenfolge. Damit Sie Rezepte mit betimmten Zutaten wie Tomaten oder Muscheln aber noch schneller finden können, stehen in diesem Register zusätzlich auch diese Gerichte – ebenfalls alphabetisch geordnet – unter den jeweiligen Hauptzutaten.

Der Inhalt des Buches von A bis Z